女性差別は
どう作られてきたか

中村敏子
Nakamura Toshiko

a pilot of wisdom

目次

図版作成／MOTHER

はじめに——何が問題なのか

近代社会の原則と女性の問題

数年前にいくつかの医科大学で女性の入試得点を一律に減点し、男性が合格しやすくなるようにしたという事件がありました。このように、あからさまに「女性である」ことを理由にした差別が今の社会で平然と行なわれていることは、政治学を研究してきた私にとって大変な衝撃でした。なぜならこのような行為は、私たちの生きる「近代社会」の原則を根本から否定することだったからです。

近代社会は、生まれつき尊いとされる王や天皇が人々の上に立って命令し、人々はそれに従うべきだとされた社会を転覆することで成立しました。それにより、すべての人が生まれつきどのような特徴を持っていても、皆平等で、自分の生き方を自分で自由に決められることを原則とする社会になったのです。これは男性にも女性にも平等に保証されるはずの原則です。日本では一九四五年の敗戦により社会構造が転換し、国家の基本原則を示した日本国憲法第一四条に、性別による差別の禁止がうたわれています。

しかし近代社会の成立当初から、自由と平等という原則が女性にも適用されたわけではありません。近代社会への変化をもたらす一因となった「フランス革命」の際に掲げられた「自由・平等・友愛」という有名なスローガンを見ればそのことがわかります。日本語では「友愛（または博愛）」と訳される語は、フランス語では'fraternité'（英語ではfraternity）です。これはもともとラテン語の「男兄弟」を意味する'frater'から来た言葉で、それゆえ「男兄弟としてのつながり」を意味する語でした。つまりフランス革命により「自由」で「平等」になる仲間として考えられたのは「男性同士」だったのであり、女性はその中に含まれていなかったのです。

このことに女性はすぐ気がつきます。そして一九世紀になると、まず国家が認める権利を獲得するために運動を展開することになりました。「権利」を持つということは、さまざまな物事に関する個人の決定権を国家が保証するということです。特に重要なのは、国の政策決定に関わる選挙権、そして自分の持っているものを自由に処分できる財産権などです。男性には認められたこれらの権利を女性が持つことは、国家において男女が同等に生きることを保証されるという意味を持ちました。

一九世紀から二〇世紀にかけて女性の権利は徐々に獲得されていきましたが、権利の獲得だけでは男女の対等性は確保されませんでした。そこで権利上の対等性だけでなく実質的な対等性を求めて起こったのが、一九七〇年代に欧米で盛んになったフェミニズムの運動です。ここで問題とされたのは、権利が同等になっても、「女らしさ」や「女性の役割」など、社会によって作られてきた差別が存在するということでした。フェミニズムはその問題を解決するために、「ジェンダー（gender）」という新しい概念を提示しました。

「ジェンダー」とは、生物として持って生まれた性別を意味する「セックス（sex）」（「生物学的性差」と訳されます）と対になる言葉で、社会によって作られた性別（「社会的性差」と訳されます）を意味します。つまり、女性にも男性にも乱暴な人や優しい人はいるのに、女性は優しくある「べきだ」と決めつけたり、男性は理系に向いていて女性は文系に向いているとか、生徒会長は男子で副会長は女子だなどと振り分けたりすることが行なわれますが、女性たちは、そうしたことは生まれつきの性、つまり「セックス」により決まるのではなく、社会がそのように仕向けているのだ、つまり「ジェンダー」なのだと分析したのです。女性たちは「ジェンダー」という概念によって、「性」を理由としたそうした振り分けは社会が作ったもの、すなわち「ジェンダー」で、生まれつきの性別によるのではない。女性も男性もそれぞれの志向により、「個人」として自由に生きられるようになるべきだと主張したのです。

このように女性たちは、生まれつきの性別により人生を限定されることに異議を申し立ててましたが、その時、最も問題となるのは、女性が担うべきだとして社会的に作られてきた家族の中の家事や育児を担当する役割でした。それゆえフェミニズムは、生まれつきの性別である「セックス」の意味を最小限にし、女性も男性もひとりの人間、つまり「個人」として家族から解放され、社会で活躍できるようになることを要求したのです。

「ジェンダー」概念への疑問

フェミニズムの最盛期に学生だった私も、仕事をするためには男女を同じ人間として扱うというフェミニズムの主張が当然だろうと考えていました。しかし実際、男性と同じ試験を受けて始めた公務員の仕事では、仕事の分担やお茶くみなど、女性「である」ことによる差別が存在しました。そこから、生物として女性「である」という事実は現に存在し、その事実によって差別が生じる。その差別をなくすために、女性ではなく「人間」となることが有効なのだろうかという疑問を持つようになりました。自分が女性であることは否定できないし、否定する必要もない。そう思うようになったのです。そして、女性の問題を考えるために政治思想史の研究を始めました。

その中で大きな影響を受けたのが、キャロル・ペイトマンの思想です。ペイトマンは、女性がその「セックス」にかかわらず「人間」として生きることをめざすフェミニズムの議論の中では異色で、女性と男性が異なる肉体を持つことから男女の対等性を考えようとしています。つまり「セックス」による区別の存在を前提としているのです。

彼女は、人間の生はその肉体的形態と切り離せないといいます。そして、そもそも女性と男性という生物としての態様そのものは抑圧的ではないと考えます。その上で、性(「セックス」)を持たない人間は存在しないので、多くのフェミニストがめざすように男女を「個人」という性を持たない存在として扱うと、必ずその考察は男性の肉体を持つ存在（つまり男性）が基準となってしまうと警告します。それゆえ彼女は、男女間の差別を問題にするならば、男女の肉体的な違いをどのように位置づけるかについて考察する必要があると主張するのです。ペイトマンは、さらに近代社会において女性が家族の中で家事や育児を担い、社会と切り離されてしまった抑圧構造を、近代社会を成立させた自由主義の構造そのものの問題として批判しました。

分析概念としての「家父長制」と分析の対象

フェミニズムは、男性による女性への差別構造全般を「家父長制」という概念で批判してきました。「家父長制」とは、男性が権力をもって物事を決定し、それに女性を従わせるという支配の構造を意味します。これにより、男女間においても、国家における王の支配、つまり「王制」と類似の支配形態が存在すると理解することができます。そして、男女の関係においては、近代社会になった後も、近代の革命以前の国家と同じ支配の形が続いていたことを明らかにしました。

しかし「家父長制」という言葉は、もともと大家族だった時代に一族の長老男性である「家父」が家族を支配するという体制を意味していました。ですから、この概念を社会全体の男性の女性に対する支配という意味で使うことは混乱を招くという批判もあったのです。それに対しペイトマンは、「家父長制」という概念は女性に対する男性の支配を分析するために重要であるとして、次のように分類することで概念の整理をしています。

ペイトマンによる「家父長制」の分類

「**伝統的家父長制**」
　最長老の男性が「家父」という「地位」につくことにより支配する＝家父長の支配

「**古典的家父長制**」
　男性が「父である」という「生物的属性」により支配する＝父の支配

「**近代的家父長制**」
　男性が「男性である」という「生物的属性」により支配する＝夫の支配

ここからわかるのは、「家父長制」とは家族における男性による支配を分析する概念ですが、同じく男性による支配でも、根拠が異なる類型があることです。「近代的家父長制」は、王の支配が終わった近代になっても、男性が「男性である」ことを根拠に女性を支配する状況があることを示しています。本書に主として関係するのは、「近代的家父長制」です。それは、まさに男女の違いを基礎とする夫婦という関係において成立し、その違いによって女性に対する抑圧構造が作られてきました。そして近代社会においては、夫婦における家父長制構造が、国家における女性への抑圧構造を作り出すことになったのです。これが、フェミニズムが指摘した家族と社会の分離の問題です。

これまでフェミニズムは、主として女性には否定されてきた社会における活動を希求していたため、家族における夫婦間の「家父長制」についてあまり検討してきませんでした。しかし女性の多くが結婚するならば、夫婦の関係がどのようなものだったかを考察し、それが社会における女性の立場にどのように影響したのかを見ることは重要です。それゆえ本書では、家族における夫婦関係に注目し、歴史的にどのように女性差別の構造、つまり「家父長制」が作られてきたのか、そしてそれがどのように今日まで続いているのかを見ることにしたいと思います。

また、「家父長制」の成立を検討する際には、特に権力による支配関係に注目します。「権力」とは、ほかの人間に対し自分の言うことを聞くよう強制する力のことです。男性が女性より優位な立場に立って物事を決定し、それを権力により女性に強制する構造がある時、それを「家父長制」とよぶのです。

具体的にはフェミニズムが問題とした次のふたつの点に注目して考察します。第一は、異なる肉体を持った男女の関係が、どのように不平等なものとして作られ、男性による支配が成立したのか。第二は、家族と国家（「私的領域」と「公的領域」とよばれます）の分離がどのように成立し、女性が家庭にいるべきだとされたのかです。

ペイトマンは、男女の対等性を求めるためには「人類のふたつの肉体と、女性と男性という個人のあり方を完全に統合できるような国家はいかに作れるのか」を考える必要があるといいます。私もこのことをいつも念頭に置いて研究してきました。この困難な目標の実現をめざす出発点として、女性差別が一体どのように作られてきたのかを見ていきますが、実はその経緯は西洋と日本ではまったく異なります。それゆえ本書では、まず西洋、特にイングランドを中心に見た上で日本について解説し、それぞれにおいて女性の問題を解決するためのヒントを示した人物を紹介することにします。

第Ⅰ部　西洋における女性差別の正当化根拠
――神・契約・法

第一章　神の創造した世界における女性差別

アリストテレス

差別の根底には、自分と異なる他者に対し自分の方が優れていると思いたいという感覚があります。しかし、多くの人が持つであろうこうした感覚だけでは社会的な差別構造は成立しません。それが当たり前で正しいのだという明確な説明が必要です。そうした説明があってこそ、人々は差別をすることについて当然だと思うようになるのです。

女性と男性の生物としての肉体的な違いについて、女性を男性より劣る存在として初めて論理的に説明したのは、古代ギリシアの大哲学者アリストテレス（前三八四年～前三二二年）です。彼は、世界のほとんどあらゆる物事について考察し著述した知の巨人ですが、生物についてては、その機能に注目してそれぞれの存在を考察しました。その上で男性と女性について優劣をつけたのです。

アリストテレスは、男女を比較して、男性こそ本質（哲学用語で「形相」）であり、よりよい存在であるといいます。男性は原理を体現しており、何かをできる能力を持つ。まさにそれこそが「雄」という意味なのだと明言します。それに対し女性は、単なる材料（哲学用語で「質料」）であり、何もできない無能力の存在である。いわば発育不全の男性なのであり、それこそが「雌」という意味なのだと述べたのです。このようにアリストテレスは、男女の違いを序列化することで男性中心主義の旗を初めて立てた人だともいえるでしょう。

キリスト教の世界観

しかし、西洋における女性差別の構造は、キリスト教の教えを基礎として作られました。西洋社会はキリスト教を基本的枠組みとして作られており、現在でも人々の生活の深いところにキリスト教の影響を見ることができます。女性差別もそのひとつだということができるでしょう。

キリスト教の女性差別の教えの形成に最も大きな影響力を持ったのは、初期のキリスト教会を確立する中心となった「教父」のひとりアウグスティヌス（三五四年〜四三〇年）です。彼は『聖書』について組織立った解釈を行ない、信仰の基礎を作りました。本書の問題と関わるのは、『聖書』の「創世記」に関するアウグスティヌスの解釈です。

「創世記」は、神が世界と人間をどのように創造したかについて書いていますが、その記述こそが、キリスト教文化圏に生きる人々が世界をどのように見るかという物の見方、つまり世界観の基本となっています。まず「創世記」に何が書かれているかを確認しましょう。そこで書かれていることを簡単に述べると、次のようになります。

神は天地とさまざまな動植物を創った後、自分に似せて人間（アダム）を創り、「エデンの園」という「楽園」に置きます。「楽園」には「生命の木」と「善悪を知る木」が生えていましたが、神はアダムに「善悪を知る木」の実を食べることを禁じます。その後神は、アダムの肋骨（あばらぼね）からアダムを助ける者として女性（イヴ）を創ります。しかし女性は、蛇にそそのかされて「善悪を知る木」の実を食べてしまい、さらにアダムにもそれを勧めてアダムも食べてしまいます。これが人間の「原罪」とされる行為です。

ふたりが禁じられた木の実を食べたのを知った神は、女性に対し「出産の苦しみ」と男性により支配されるべきことを命じ、また男性には生きるために労働することを命じます。そして神は、人間が「楽園」に留（とど）まり「生命の木」の実を食べ続けて永遠に生き続けることがないように、彼らを「楽園」から追放します。それゆえ人間は死ぬ運命になって、この世で生きることになったのです。

二一世紀に生きる非キリスト教徒の人間から見ると、これは単に神の教えに背いた人間が「楽園」を追放されて、この世でつらい生を生き、死ぬ運命となった話として理解できます。しかしアウグスティヌスは、ここから神と人間をめぐる関係について壮大な解釈を示すことになりました。

重要なのは人間の犯した「原罪」の解釈です。アウグスティヌスは、「原罪」とは単に神が禁止した命令に背いたことが問題なのではなく、「世界の作者」であり「世界の統治者」である神の決めたことに対し、人間が「自分の意志」にもとづく判断をしてしまったという罪なのだと解釈します。神が「支配する」ということは、人間が完全に「神の意志」に従うべき状態にあることだとアウグスティヌスは考えます。それなのに、人間が「自分の意志」にもとづき判断することは、自分で物事を決められると考え自立を求めたという意味であり、神への反逆だと解釈したのです。

こうして神は、自分と同様に善悪の判断ができるようになった人間を「楽園」から追放し、私たち人間はこの世で生きることになります。これにより人間は、「楽園」で享受していた重要な条件を失うことになりました。ひとつが神による平和な秩序です。それを失うことで、人間のこの世は混乱状態となり、秩序を作るために人間による権力が必要となりました。もうひとつは「永遠に続く生命」です。これを失うことにより、人間は皆死ぬ運命となりました。それゆえ自分たちの努力で、人間という種をつないでいかなければならなくなったのです。そのために神は男性に労働を、女性には出産を罰として与えました。

こうして男性と女性は、家族において自分と人類という種の生命をつなぐ仕事を遂行することになりました。

以上のようにアウグスティヌスの「創世記」解釈は、神と人間の世界を合わせて、その起源と人間の悪の源である「原罪」を解釈し、人間世界の構造を神の支配のもとに説明するという壮大な物語でした。この世における人間のあり方に関する彼の解釈をわかりやすく説明すると、人間が神に頼らず自分で物事を判断し生きていけるというならば、「自分でやってごらん」と神は考えて自分の保護下から追放し、この世で苦労するようにしたとでもいえましょう。そして人間は自分たちで秩序を作り、生命を維持しなければならなくなったのです。しかしアウグスティヌスによれば、この世（アウグスティヌスは「地の国」とよびます）は悪魔の支配する苦しい世界でしたから、人間は教会によって再び神のもと（これは「神の国」とよばれます）に帰ることを希求することになります。

キリスト教の教説における女性差別の内容

以上のような「創世記」解釈から、キリスト教における女性差別の教えが導き出されました。第一に、神は男性を創った後「男性を助ける者として」、男性の肋骨から女性を創ったと書かれていることから、創造の始めから女性は男性の支配下にいるべき者とされたという解釈が出てきます。これは、「原罪」を犯した後、神が男性による女性に対する支配を命令したことでさらに補強されます。

第二に、人間が楽園を追放されるもとになった神の命令に対する違反を主導したのは女性でした。彼女が蛇（悪魔に比せられます）の甘言にのって「善悪を知る木」の実を食べ、さらに男性を罪に引き込んだのです。それゆえ女性は道徳的に劣る存在であって誘惑されやすいので、男性が支配下に置き、押さえつけなければならないと教えられるようになりました。

これらは「創世記」の中にある記述ですが、アウグスティヌスはこれらに加えて、男女をつなぐ「性」そのものを否定すべきものと考えました。これはイエスや使徒パウロの教えの中に、その起源を見ることができます。そこでは男女の性関係による家族の形成が否定されて独身主義が勧められ、「霊」と「肉」の対比により肉欲が否定されています。アウグスティヌスは、こうした系譜の中でも特に激しく性的欲望である「欲情」を攻撃しました。彼自身、若い頃「欲情」に苦しんだ経験を持っており、おそらくそれゆえに、余計

「欲情」に対する抑圧の必要を感じたのでしょう。

アウグスティヌスは「欲情」を、神に反逆しようとした人間に対する罰であると解釈します。「自分の意志」で判断するという「原罪」を犯した人間に対し、神は罰として、人間の意志通りにならない部分（具体的には男性器）を与えたというのです。こうしてアウグスティヌスによって男女をつなぐ性関係は「原罪」と結び付けられ、否定すべきものとされてしまいました。そうであれば男性から見て性関係の相手である女性も、否定されるべき対象となるのは当然のことでしょう。

単純に考えると、皆がそのように行動してしまうと人類は滅んでしまうことになります。それゆえ別の解釈をするキリスト者もいました。例えばアウグスティヌスと論争して敗北するユリアヌスは、性関係について、死すべき運命となった人間を存続させるための神の知恵であると肯定しています。また現代では、ミシェル・フーコーが「性現象と孤独」という論稿において考察し、アウグスティヌスは性を他者との関係ではなく、自己の自己に対する関係にしたと批判します。つまり男女をつなぐ性の意味を断ち切り、自分の意志と意志によらない表現という自己完結的なものにしてしまったのだというのです。

こうしてキリスト教の教えにおいては、女性という存在、そして男女の性関係は「原罪」と結び付けられ、抑圧の対象となっていきます。そして、神により聖化された教会による結婚だけが、性に関わる罪から逃れる道となりました。キリスト教圏では「原罪」の物語は、一九五〇年代まで実際に起こった歴史だとみなされていたといいます。そして、現代アメリカの若者のセクシュアリティ概念も、アダムとイヴが神の恩寵（おんちょう）を失ったという『聖書』の教えに影響されているといわれています。

ルターの教え

ローマのカトリック教会から分かれたプロテスタントの教えでも、女性の捉え方は変わりません。プロテスタントという宗派が成立するきっかけとしての宗教改革（一五一七年）を担ったルターは、上で見たような『聖書』の記述に加えて、アリストテレスのような肉体的差異にもとづく女性差別の根拠を合わせて、女性に関する教えを説きました。

ルターは、『聖書』における女性に対する命令は歴史的事実であるとみなしました。そしてそこから、女性は自分の意志に従ってはいけない、すべて夫に従うべきであると説きました。男女は太陽と月という関係だから、女性が男性の上に立ってはいけないと教えるのです。なぜなら男性は太陽と同じく優れた存在なのは当然で、神がそのように創ったのだから、人間がそれを変えることはできないと主張したのです。

また、子どもを産み、夫に従って家政を受け持つのは女性の天職で、それは肉体的形態によるのだとも説きました。彼は次のように説いています。

「男性は広い胸と小さな腰を持つ。それゆえ彼らは知恵を持つ。女性は家にいるべきなのだ。なぜなら女性は大きな腰と尻を持つがゆえに、静かに座っているべきなのだから」

ルターは結婚を神の意図したこととして認めますが、「原罪」と欲情についてはアウグスティヌス同様否定していました。このようにプロテスタントの教えにおいても、女性に対する男性による支配は、神の定めたものとして当然のことだとみなされていたのです。カトリックとプロテスタントを比較した場合、女性の本性や役割についての見解は、相違より類似点の方が多いと分析されています。

一般に宗教改革は、強大な教会権力に対抗することで、自由と平等を標榜（ひょうぼう）する近代社会が成立するためのひとつの重要な契機になったと解説されます。しかしイギリスの宗教改革とその中での女性の扱いを分析したパトリシア・クロフォードは、宗教改革の成果について、宗教改革はカトリック教会の持つ権力を個々の男性が握ることを可能にしたけれど、それは家族において男性の女性に対する抑圧を増すという状況を生み出したと述べています。また、セクシュアリティに対する締め付けなども、プロテスタントの方が厳しい政策をとったといわれています。

このようにキリスト教世界では、『聖書』にもとづく神の教えとして、女性という存在、また性の問題を否定的に捉え、男性支配を肯定するような土壌があり、それが近代社会まで影響を与えてきたといえるのです。

第二章　社会契約にもとづく国家における女性差別

フィルマーの「父権論」＝「王権神授説」

通常の西洋史の説明では、宗教改革に続く政治革命が自由と平等を掲げる近代社会を成立させたとされます。実際、社会の大きな構造としては、王の支配を覆して、人々が自由で平等な立場で社会を運営することになったともいえましょう。しかしこうして成立した近代社会においても、女性差別は存在しました。それがどのように作られたのかを見るのが次の問題です。

実は近代につながる二度の政治革命（清教徒革命と名誉革命）が起こった一七世紀のイングランドで、名誉革命の際、革命派の中心的論者であるジョン・ロック（一六三二年～一七〇四年）によって唱えられた「社会契約論」が問題でした。ロックは、王の権力を擁護する人々に対抗するために、国家は、自由で平等な人々がその形成について互いに合意し、契約することにより作られたと唱えました。実はこの論理の中にこそ、家族と国家が分離され、家族の中に女性が取り残されるという女性差別を作り出す構造が含まれていたのです。

宗教改革後の一六世紀終わり頃、ヨーロッパでは国王によってプロテスタントに対する宗教弾圧が行なわれたため、それに対する抵抗論が唱えられるようになりました。一七世紀のイングランドで起こった革命は、国王の権力行使に対抗する抵抗論が主張されるようになったのに対して、国王の側も自分の権力を擁護する議論を主張するようになるという対立状況の中で起こりました。国王の権力を擁護する議論を展開した代表的な論者が、『父権論（*Patriarcha*）』という本を書いたロバート・フィルマー（一五八八年頃〜一六五三年）です。彼の議論は以下のような内容を持っています。

フィルマーが王の権力を論じる際にも『聖書』の「創世記」が根拠とされました。フィルマーは、『聖書』には「創造の歴史の真実」が書かれているので、すべての議論は「創世記」にもとづき導き出されるべきだと考えます。そして、アダムが女性に対する支配権を神から与えられたことこそが、すべての権力の源泉なのだと主張しました。

その後アダムは、子どもを「生み出す」ことで多くの子どもの父となり、子どもを「父として」支配します。フィルマーは、子どもが生まれる主な要因は父にあり、母は子どもを入れておくための単なる「空の容器」にすぎないと断言します。なぜこのように子どもを「生む」ことについて父だけが重要だとされたのかというと、この父の行為が、神による人間の創造を模倣する行為だと捉えられているからなのです。つまり父は神に代わって人間を創造するのです。

こうしてアダムに始まる人類は、多くの子どもを生み出すことで拡大し、小さな家族集団が大きな国家へと発展していきます。それに伴って家族を支配していた父は、国家の支配者つまり王となり、国家を王として支配することになったのだとフィルマーは説明しました。つまり王の権力はもともと父としての権力であり、父の権力と同質であるというのです。

こうしてフィルマーは、王の権力の起源はアダムが神から与えられた父権にあると主張しました。この議論は、国家権力に注目した場合「王権神授説」という名前で知られていますが、家族に注目した場合は、男性が「父として」家族を支配しているので、「父権論」とよぶことができます。これはペイトマンの分類でいう「古典的家父長制」にあたるといえるでしょう。

なぜフィルマーが王権を神から与えられたものとして論じたかといえば、それは、「王の権力は神により決定されたことだから、人間は誰も反対できない」と主張するためでした。つまり神の名を借りて王への抵抗を抑え込もうとしたのです。

ロックの「社会契約論」――家族と国家の分離

このような王権擁護の議論に対し、王への抵抗を主張する代表的論者だったロックは、フィルマーの議論をすべてひっくり返すことで、王に対する抵抗を正当化しようとしました。彼は、フィルマーの主張した王権の根拠としての父権を否定するために、国家と家族を切り離し、ふたつがまったく別の起源を持ち、まったく別の機能を持つ集団だと論じることで、フィルマーの議論を解体しようとしました。さらに、父の権力を弱め、家族は人間にとって重要な集団ではないと論じたのです。そのことが女性にとって重大な帰結をもたらすことになります。

そもそも歴史的に見ると、家族と国家は連続する人間集団として考えられることが普通でした。つまり人間の歴史の初期には小さな集団として存在した家族が、発展拡大して国家になるという捉え方です。アリストテレスもアウグスティヌスも、家族と国家の関係についてはこのように考えていました。フィルマーの議論も、その一類型です。

しかしロックは、父権と王権は異なるものだと主張するために、家族と国家をまったく別の集団として論じようとしました。その時使われたのが、やはり「創世記」です。そもそもキリスト教の世界観においては、人間が「原罪」を犯したためこの世で生きなければならなくなった時、神による秩序を失い、「生命の木」の実を食べられなくなって永遠の生命を失ったため、自分たちで権力による秩序を作り、家族において生命の継続のための活動を行なわなければならなくなったと考えられていました。つまり国家や家族は、「原罪」を契機として「楽園」を追放された人間が、自分たちの力で生きるために、この世において存在することになる集団でした。

しかしロックは、家族と国家を明確に分離するために、この世の家族も人間が支配するのではなく、「楽園」にいるのと同じように神の意図のもとにあると論じました。彼は、人間が「楽園」を追放されこの世で生きるようになった後、国家がまだ作られていない「自然状態」にいることを想定しました。しかし彼の論じる「自然状態」は、この世にあるにもかかわらず、ほとんど「楽園」と変わらない状態として描かれています。

そこは神の管理する領域であり、それゆえ平和が成立しています。そして、人間の生命を生み出すことも、人間の努力によるのではなく、神の仕事とされているのです。ロックは、人間は「主の命により、主の業(わざ)をなすためにこの世に送られた」のであり、「神の欲する間存続するように創られている」と述べます。また、「生命の作者と授与者は神であり、彼の中においてのみ、我々は生き、行動し、存在することができる」とも述べています。もともとのキリスト教の解釈では、この世の家族は、人間の努力により生命を継続するためにある集団でしたが、ロックは生命を生み出す力を父ではなく神に返すことで、父から権力を奪い、フィルマーが論じたような、父が神に代わって生命を生み出すことで支配権力を持つという議論に対抗したのです。

このように父権を無力化した上でロックは、国家は人々の契約により作られ、権力はもともと人々が持っていたものを王に預けたものだとしました。つまり国家権力の形成は人々の決定にもとづくのであって、神の決定ではないから、国家権力の行使に問題がある場合には人々は王に対し抵抗してもいいのだと主張したのです。これが革命派によって唱えられ、近代社会を作るための基礎となった「社会契約論」です。

「自然状態」における結婚関係――「性契約」

以上の議論は、国家において王権を転覆することを正当化した議論としてよく説明されます。そして、それにもとづいて自由と平等な人間による近代社会が成立したのだとして肯定的に評価されます。それでは、ロックによって神の管理下にあるとされた「自然状態」における家族内の男女関係は、どのように説明されたのでしょうか。次にそれを見ていきましょう。

ロックは、家族は男性と女性が結婚の契約をすることにより始まると論じます。しかしその関係については、女性が男性に従属するのは当たり前のことだと論じました。彼は、この従属は「自然に基礎を持つ（a Foundation in Nature)」といっていますが、ここでいわれた「自然（Nature)」という言葉は、「神が定めたもの」という意味です。ロックは熱心なプロテスタントでしたから、女性は男性に支配されるべきだという『聖書』に書かれた神の命令は、当然受け入れるべきことだったのです。つまり自由で平等な人間が社会契約によって国家を作る前の「自然状態」において、家族を作るために女性を抑圧する結婚契約が結ばれていたというのが、ロックの描いた家族と国家の構図でした。

ロックの議論を詳しく検討したペイトマンは、こうした結婚契約を「性契約（The Sexual Contract)」とよんで批判しました。自由で平等な国家を作る「社会契約（The Social Contract)」は、その陰に抑圧的な性関係を作る「性契約」を伴っていたのだというのです。なぜ結婚契約を「性契約」とよぶかといえば、キリスト教世界においては、性的結合こそが結婚の目的だからです。つまりロックの議論では、国家を作る前の「自然状態」において、家族を成立させるために「性契約」が結ばれ、男性が女性を支配下に置くことになります。「自然状態」が神の管理する領域であれば、これは当然のことだったでしょう。

父権の弱体化とはかない家族

ロックの議論の根幹は、フィルマーの「父権論」に対し、神から与えられた父権と人間の作った王権を対比させ、王権に抵抗できると示すために家族と国家を分離した点ですが、ロックはそれだけでなく、さらに父権を弱体化させる議論を盛り込んでいます。そのひとつが、結婚後に生まれる子どもに対する権力は両親が持つとしたことです。女性も権力を持てるとしたことから、ロックは女性の平等を論じたと解釈する人もいます。しかしこれは、父権を否定するために女性にも権力を認めたのだと考えるべきでしょう。

生命の管理は神により行なわれますから、ここでの両親の権力は、単に神の指令にもとづき、子どもが理性的な人間になるよう養育するためだけにありました。ロックは、神は「両親を、人類の存続という彼の偉大な計画の道具として、子供に生命を与える誘因となし」、子どもたちを養育し教育することを両親の義務としたと述べています。ロックの記述を読むと、子育てに関して、両親はほとんど神の操り人形のような印象を受けます。つまり親としての権力はあまり実質的な内容を持たないので、女性が権力に関わっても何の問題もないのです。しかしロックは、子どもの教育を共同で行なう際に両親が異なる意志を持った時には、「自然により」「より能力があり、より強い」男性が決定権を持つべきだと述べています。

もうひとつ父権を否定するために重要なのが、家族はずっと継続することはなく、子どもを育てるための一時的な集団だとしていることです。フィルマーの議論では、家族が継続して国家になることが、父権が王権へと発展する道でした。ロックは父権と王権の連続性を否定するために、家族が永続的な集団であることも否定しました。つまりロックの家族は、男女の結婚契約により男性が女性を支配下に置く形で始まるけれど、子どもが生まれれば両親が共に権力を持ち、子どもが理性的な人間になり独立するまで育てます。そして子育てが終われば解散してもよいような、はかない集団とされたのです。家族は、一時的に成立し、すぐに消えてしまう集団なのです。

もし家族が子育ての後解消されるなら、女性も「自然状態」において個人として存在するはずです。しかしロックが「社会契約」による国家の設立を論じる時、そこには女性についての言及がありません。この時ロックが契約を結ぶ主体として考える自由で平等な

「人間（Men）」とは、男性だけを意味すると考えるべきでしょう。なぜ男性に限られると理解できるかといえば、契約を結ぶのは理性と財産を持っている「人間」だとされているからです。理性はアリストテレスの昔から男性だけが持つ属性でした。またロックの議論において、財産は人間が労働することによって獲得するとされていましたが、神から労働を命じられたのは男性でした。ですから財産を獲得できるのは男性だけだということになります。

こうしてロックの議論において女性は「自然状態」に取り残され、彼の議論を基礎として作られた近代国家は男性だけによって作られます。そして、そのメンバーとなれるのは男性だけだということになったのです。つまりそこで使われている'Men'とは、「人間」全体ではなく「男性」を意味する言葉だったのです。

ロックの議論の影響

こうして王権の転覆をめざして論じられたロックの議論を男女関係や家族に関して考察してみると、それが今の私たちの生活に重大な影響を持っていることがわかります。それは以下のような点です。

まず、神に与えられた父権と王権のつながりを断つために、家族と国家を分離しました。そして家族を一時的に成立する集団だとしました。ここから、現在フェミニズムにおいて問題とされるように、家族の属する「私的領域」と「公的領域」の分離といわれる構造が作られることになるのです。そして、家族を作る結婚契約により女性が男性の支配下に置かれる構造が作られました。これにより、家族において男性が「夫として」支配する体制が成立していくことになりました。つまりロックによって、ペイトマンの分類における「近代的家父長制」の考え方が提示されたのです。こうして女性は家族に閉じ込められ、公的領域から締め出される状況が作られていくことになりました。これが近代社会における男女関係の構造を形作っていきます。

ロックに代表される理論は、近代社会の基礎となる自由主義という思想ですが、実はその中にこのような家父長制構造を内包していたのです。それゆえペイトマンは、それを「家父長制的自由主義」とよんでいます。このような構造をフェミニズムは問題にしてきました。しかしロックの議論の持つ問題は、これだけではありません。実はこの議論によって、家族や国家は何のためにあるのかという重要な問題に関する変質が起こることになりました。

そもそもキリスト教世界において、「原罪」後のこの世に家族や国家が存在するとされたのは、死ぬ運命となった人間が、自分たちの努力によって個々の人間の生命を維持し、種を継続するためでした。そのために男性は労働を、女性は出産を神から命じられたのです。そしてそれを遂行するための集団として家族があり、それを保障する平和を守るための国家がありました。権力とは、こうした目的を果たすことに責任を持つための強制力だといえます。フィルマーの議論において父の権力の根拠が子どもを生み出すことだったのも、生命の継続というキリスト教世界の基本原則を踏襲した議論だったと考えられます。

しかしロックは、王への抵抗を正当化するために父権の弱体化をめざしました。そして、家族を神の管轄下にある領域とすることで、子どもを生み育てる行為を神の意図によるものにしてしまいました。さらに家族は理性的な人間を育てるだけで、すぐに消滅するような集団だとしました。それにより、生命の保障と継続について努力する責任から、人間を解放してしまったのです。

こうして子どもの生命の保障から解放された男性は、女性も子どもも「自然状態」に置き去りにして、自分ひとり（「個人」）の生命と財産を守るために、社会契約によって国家を作ります。このように作られた国家においては、人間の生命の継続、つまり子どもの生命を産み育てることは、国家の目的からこぼれ落ちてしまうのです。そして家族に取り残された女性が、実際には神からの指令もなしに（！）、子どもの生命の保障を担うことになりました。

政治的な革命論を示したとして評価されているロックは、「楽園」と類似した「自然状態」を想定し、神に生命の問題を預け返すことで、実はキリスト教世界の枠組みの革命的転換を行なったといえるでしょう。つまり彼は、キリスト教世界の前提であった、この世の人間は自分で生命を確保し継続させる必要があること、そのための組織として家族があること、それが拡大することで国家が成立すること、それゆえ家族や国家の権力は人間の生を保障するためにあることなどをすべて否定したのです。ロックの革命性もしくは女性から見た場合の反革命性は、この点にあると考えるべきでしょう。

こうして近代社会における家族と国家の分離と、家族における女性差別の構造が作られていくことになります。これが現実化するのは、後に説明するように一八世紀の産業革命を経た後ですが、現在の社会を見ると、ロックの主張した構造があまりにも忠実に実現されているのに驚くばかりです。

このように通常近代社会成立の契機として挙げられる宗教改革と政治革命という出来事を男女関係に注目して考察すると、男性は、宗教改革でカトリック教会から権力を奪い、政治革命で王から権力を奪うことで自由で平等な「個人」となる一方で、女性は家族に取り残され、そこでは男性による女性に対する支配が確立されていくのです。つまりふたつの革命によって、男性には解放が、女性には抑圧がもたらされたといえましょう。こうして男女間の家父長制構造は、近代になっても形を変えて続くことになったのです。

第三章　法における女性差別

「カヴァチャー（庇護(ひご)された妻の身分）」という法理

このような夫婦関係における家父長制構造は、イングランドでは昔からコモン・ローという法の体系によって保証されてきました。イングランドにはさまざまな法の体系がありますが、コモン・ローとは、個別の事件に対する判例の積み重ねが法として認められるようになったものです。

コモン・ローにおいては、結婚すると女性は夫の権力のもとにあるとされてきました。「権力のもとにある」ということは、夫に従い、その命令を聞くべきだということです。つまり夫は家族内において、国家における王と同様の立場にあるとされていたのです。それゆえ夫婦の関係は「主人と妻（Lord and feme）」と表現されました。

キリスト教における結婚は「夫婦が一体になる」こととされていましたから、結婚すれば妻は主人である夫のものとなり、夫が肉体を含めて妻に関わるすべてを使用する権利を持つと考えられていました。独身または夫を亡くした女性は男性と同じ権利を持っていましたが、結婚により妻が夫のものとなることで、妻は独身の時に持っていた権利も夫のものとされ、夫がその権利を行使することになりました。

こうした妻の状態は一二世紀以来イングランド法の中に見られ、一五世紀頃から「カヴァチャー（coverture）」（日本語では「庇護された妻の身分」と訳される）とよばれるようになる法の考え方です。こうした妻の無権利状態の多くは、一九世紀後半まで、その一部は二〇世紀まで続くことになりました。

その内容として、まず妻の肉体に関わる夫の権力が認められました。具体的には、夫は妻に対し、自分と同居して自分の権力下にいることを強制できました。また命令に従わせるために、暴力による制裁が認められていました。妻の肉体や、そこから生み出される労働は夫が享受すべきものでしたから、それに対し他人から損害が与えられた場合は、夫が損害を被った当事者として、損害賠償を請求することができました。これは「配偶者権」とよばれました。この夫婦関係を象徴的に示すのは、昔は妻が夫を殺した場合には単なる殺人ではなく、「反逆」として裁かれたことです。つまり王に対する殺人と同じだとみなされたのです。まさに「家父長制」とは、国家における「王制」の家族版だということがわかるでしょう。

また財産に関して妻は、次のような無権利状態になりました。まず、結婚前に持っていた動産、つまり現金や債権、家具や宝石などの所有権が夫のものになりました。つまり夫が自由に処分することができたのです。また、妻の持参金や妻が夫と別の仕事をすることで稼いだ収入も、夫の管理下に置かれました。土地や家屋などの不動産の所有権は持ち続けることができましたが、実際の管理権は夫に移りました。つまり妻がそれを売買したり貸したりするには、夫の同意が必要でした。また夫は、妻の同意があればそれを売ることができました。さらに妻である女性は、自分で契約を結ぶことも訴訟することもできませんでしたし、遺言による遺贈もできませんでした。

妻が「カヴァチャー」から解放され独身女性と同じ権利を回復したのは、一八八二年の

「既婚女性財産法（Married Women's Property Act）」によってです。一九世紀後半まで、イングランド、そしてイギリスの植民地でコモン・ローの法体系を取り入れた多くの地域で、結婚した女性たちがこうした状態にいた事実を理解することは、イギリスやアメリカなどの女性運動を理解するための基本といえるでしょう。女性の多くが結婚すると考えられていた時代には、ほとんどの女性がこの状態に拘束されていたのです。

「カヴァチャー」による無権利状態は、ほかにも女性の生活に大きな影響を与えました。例えば女性が選挙権を求めようとしても、それが納税を条件としていたので、財産権が自分で行使できなければ納税することができず、選挙権を求めることもできませんでした。また財産権が持てないことで、扶養を前提とした子どもの親権も否定されることになったのです。

「カヴァチャー」の根拠

なぜ女性が結婚するとそのすべてが夫のものになるかに関する説明には、歴史的な変遷があります。初期の説明は、アリストテレスと、「創世記」における女性の服従に関する神の命令を根拠とする典型的な「家父長制」の考え方によっています。つまり妻が夫に従うのは、肉体的構造からも神の命令からも当然である、妻は夫の権力のもとにあるべきだとするものです。

一五世紀頃になると、この妻の無権利状態は「カヴァチャー」とよばれるようになり、妻が夫に従うべき根拠は、次第に「夫と妻は一体となる」という「創世記」の記述にそった説明に変わっていきます。つまり夫婦は一体となるので、法的にはひとつの人格とみなされると考えるのです。そして一八世紀になると、夫婦が一体となったひとつの人格の決定権はひとつだけであるべきで、それは夫によって代表されると解釈されるようになります。なぜなら夫は、統治するのに最適で、能力があるからです。

いずれにしても「カヴァチャー」の法理論は、『聖書』の記述をもとに説明されたものでした。法制史の専門家は、『聖書』にもとづく教会の「家父長制」の考え方を国家法として表現したものが「カヴァチャー」だと評しています。

ブラックストンによる定式化

ウィリアム・ブラックストン（一七二三年〜一七八〇年）は、このように基本的には『聖書』に依拠してきた「カヴァチャー」を、「契約」という新しい概念によって説明したコモン・ロー学者です。コモン・ローは判例の積み重ねでできた法体系ですから、それに関わる法律家は、大学ではなく現在のロー・スクールのような法曹学院とよばれる機関で教育され、コモン・ローについて大学で講義されることはありませんでした。それに対しブラックストンは、オックスフォード大学で初めてコモン・ローを一般向けに講義した人物です。

彼は、『イングランド法釈義（*Commentaries on the Laws of England*）』を書いて、わかりやすくコモン・ローを説明しました。その中で「カヴァチャー」を次のように説明しています。少し長いですが、一九世紀の英米の女性運動の中でよく引用される有名な説明なので、書いておきましょう。

婚姻により、夫と妻は法的にひとつの人格となる。すなわち女性の人格と法的存在は、婚姻中は一時的に停止される。もしくは、少なくとも夫の人格に組み込まれ、合併される。夫の翼、保護、そして庇護のもとで、彼女はすべてのことを行なう。それゆえ我が法において使われるフランス語では「庇護された女性（feme-covert）」……という。……そして婚姻中の彼女の状態は、「カヴァチャー（coverture）」と呼ばれる。婚姻によって夫または妻が取得するほとんどすべての法的権利、義務、そして無能力は、「夫と妻の人格の結合（an union of person in husband and wife）」というこの原則に依拠するのである。

このような説明を現代の私たちが読んだ時、何と抑圧的な内容だろうと考えるでしょう。しかしブラックストンは、そのように考えてはいませんでした。彼は、個人の自由を重視する一八世紀啓蒙（けいもう）の時代に生きており、自らの議論を、女性の自由を尊重するものだと考えていたのです。

まず彼は、結婚を国家法にもとづく「契約」であると考えました。つまり教会の支配する聖なる関係ではなく、女性と男性の「合意」により成り立つとしたのです。さらに、男性の肉体的力にもとづく優位性を否定しました。そして、夫婦を表す表現として慣例的に使われてきた「主人と妻（baron and feme または man and wife）」ではなく、単に「夫と妻（husband and wife）」という表現を使用しました。

そして、「カヴァチャー」による妻の無権利状態は、女性が結婚に「合意」した時に受け入れたことであり、契約の当事者たる女性が意図し、その能力を持つがゆえに結んだ「契約」によるのだから有効なのだと論じました。つまり妻たちの服従は、自分で決定した「合意」にもとづくのであり、それにより支配されるのではなく、単に依存するようになるにすぎないとしたのです。

加えてそのような状態は、妻の利益になり妻を守るためだと述べます。権利を持つことは責任を伴うことなのですが、「カヴァチャー」の間、妻は権利もありませんが、自分の行為についての責任もなく、保護されているからです。このように夫の保護の下で権利も責任も持たない状態を、ブラックストンは「イングランドの妻たちの最大の特権のひとつ」とみなしました。ブラックストンの議論を詳しく分析したティム・ストレットンは、ブラックストンの「カヴァチャー」の解釈は、コモン・ローに特徴的な「温情的パターナリズムの表現」であると評しています。

ブラックストンの影響

ブラックストンは、それまで女性差別の根拠とされてきた男性の肉体的優位性や『聖書』の意味を認めず、また女性が自分の意志にもとづき決定する能力を持っていると認めた点で、明らかに啓蒙の原則に則（のっと）っていました。彼は、法を「理性の完全な形」であると考えており、科学的で系統だったやり方で整理しようとしました。ですから彼にとって、神の命令は何の意味も持たなかったのです。

ブラックストンは、結婚を教会の管轄ではなく国家法にもとづく「契約」であるとし、当事者の「合意」が決定的に重要だと考えました。そして、女性も「契約」を結ぶ能力を持っており、女性が「合意」することで「カヴァチャー」が成立するのだと説明したのです。それゆえ「カヴァチャー」によって女性の権利が夫に奪われる状態は、国家における目的のために単に法によって作られたものであり、「自然に基礎を持たない（no foundation in nature)」と述べています。ロックが、家族は神の領域であり、夫への女性の服従は神が命令したものだとして「自然に基礎を持つ(a Foundation in Nature)」と述べたこととの違いは明らかでしょう。

ブラックストンの議論は、国家を「契約」にもとづいて説明したロックがやり残した夫婦間の権力関係について、女性の「合意」にもとづく「契約」によって説明しようとするものでした。ブラックストンは、「個人の自由」という近代革命後の考え方にもとづき、男性の肉体的力や神に頼らずに、「契約」という新しい原則に拠ろうとしたのです。しかし、その結果導き出された内容は、「人格の結合(union of person)」という論理で女性を夫の庇護下に置くことで女性の権利を奪い、夫がすべての権力を握るという家父長制的な関係でした。

こうしてブラックストンは、近代的な「合意による契約」の概念により女性の従属についての再編を行ない、「カヴァチャー」を新しい時代に適合的なものに変えました。そして、「カヴァチャー」という考え方が生き延びるのに手を貸すことになったのです。彼の解釈は、『イングランド法釈義』を通じて、コモン・ローを採用したアメリカやカナダにも大きな影響力を持つようになっていきます。そのため彼は、一九世紀の英米の女性運動において、最も憎まれる人物となったのです。

ペイトマンによる「契約」概念批判

政治革命後の近代国家は、自由で平等な個人の「契約」により成立したと考えられ、そこで人間関係を作る方法は、「契約」によるべきだと考えられるようになりました。「契約」は、個人同士が対等な立場で自由に条件を交渉し、それに合意するという形で結ばれます。それゆえ人間が平等な関係を確保するために、最適な方法だと考えられたのです。

しかしこれまで見たように、夫婦関係においては、「契約」を根拠として「家父長制」が成立することになりました。ロックの論じる「社会契約」の議論の陰に「性契約」が含まれることを批判したペイトマンは、ブラックストンが論じたような結婚契約を、近代社会成立の根幹に関わる「契約」という概念そのものの問題として批判しています。

ペイトマンの重要な批判点はふたつあります。ひとつめは、結婚契約には「契約」という概念が前提とする自由さが認められないという点です。「契約」とは、対等な当事者が自由に条件について交渉し、その内容に「合意する」という形で結ばれるべきものです。しかし結婚契約においては、女性も男性も自由にその立場を選ぶことはできません。そこでは常に女性が妻、男性が夫になることが決まっています。つまり生まれつきの属性により、法的立場が決まってしまい、それを当事者が自由に変えることはできないのです。

さらに契約は、当事者が「合意」すれば自由に解消することができるはずのものですが、結婚契約はそのように考えられてはきませんでした。それはもちろん結婚の認証が長い間教会の管轄だったということが影響しています。神が結び付けた夫と妻は、「死がふたりを分かつまで」生活を共にするとされてきたのです。

イングランドで離婚が教会の管轄を離れたのは一八五七年でしたが、その後も離婚は簡単ではなく、一九三七年まで法的に離婚が認められる理由は姦通(かんつう)だけに限られていました。夫が妻を遺棄しても暴力を振るっても、また行方不明になっても、法的な離婚は認められなかったのです。夫婦関係の破綻を理由とした離婚が夫婦共に認められるのは、一九六九年の離婚法改正まで待たねばなりません。つまり結婚契約に関しては、当事者の自由な意志で契約を解消することは、二〇世紀後半までできなかったのです。

結婚契約に関わるペイトマンのさらなる批判点は、それが肉体の使用を目的とする契約だという点です。この点は日本人にはわかりにくいと思います。「温かい家庭を作る」というような日本人の結婚観と違って、キリスト教における「夫婦が一体となる」という結婚は、文字通り肉体的に（性的に）一体となることをその本質としています。現代でも例えばカトリック教会の法典を見ると、そのことがはっきりと述べられています（「カトリック新教会法典」第一〇六一条）。それゆえ結婚契約に「合意する」ことは、相互に肉体を使用する権利を与え、そして獲得するということを本質とします。「カヴァチャー」によって夫が妻の肉体の使用権を持つというのは、このような意味だったのです。西洋の結婚関係に関する議論を理解するためには、この点を押さえておく必要があります。

ペイトマンは、結婚契約が相互の肉体の使用を目的とすることで、妻の隷属状態を作り出してきたと批判しました。それは次のような意味です。

結婚契約を結ぶことで女性は必然的に妻という法的地位に置かれ、夫が自分の肉体を使用することに「合意」したことになります。西洋の女性運動において、夫婦間でレイプが成立するかがよく問題となりましたが、それはこのことと関係があります。これについては、一七世紀の著名な法律家マシュー・ヘイルがその著書の中で、結婚契約に合意した妻は自分自身を放棄することを承諾したのだから、夫がレイプの罪に問われることはありえないと述べた見解が二〇世紀まで引き継がれてきました。この解釈が判決によって否定されたのは、実に一九九一年のことです。つまり、結婚契約に合意することで、結婚関係にある間ずっと、妻は夫にいつでも自分の肉体を自由に使用することを認めたと解釈されてきたのです。

また、夫が妻の肉体の使用権を持つということには、妻の肉体を使って生み出されるさまざまな家事サービスを享受するという内容も含まれていました。先に説明したように夫がそれらを享受できない場合には、妻に対して暴力を振るうことも容認され、同居してそのサービスを提供するよう強制することも一八七〇年代まで認められてきたのです。そうしたサービスに対する損害を補償するよう要求する「配偶者権」もこれに関係します。

このように結婚契約に「合意」すれば、夫が妻の肉体の使用権を持つとされることによって、妻は常にほかの人間によって自分の肉体を拘束される状態になります。ペイトマンは、結婚契約により妻は、自分の肉体を鎖によってつながれ拘束され続ける奴隷と同じ状態になり、夫による支配が作り出される。それゆえ肉体を目的とした結婚契約は、自由な人間関係を作るとする「契約」概念に反して、人間の従属状態を作り出すのだと批判したのです（ペイトマンは、経営者と労働者の間の労働契約も同じ性質を持つと述べています）。

このように、近代社会で自由な人間関係を作ると考えられた「契約」という概念でさえ、結婚生活において女性に自由を約束しなかったのだといえましょう。ストレットンは、ブラックストンが「カヴァチャー」の議論を近代化することで、人間の「自由」という観点からの批判をかわし、一九世紀を超えて続くのを助けたと批判しています。

これまで説明してきたように、西洋キリスト教圏の女性差別はキリスト教の教えを縦糸としており、イングランドでは、そこに契約という考え、そして法が絡み合って作られてきたのでした。そこからどのように現代に至るのかについては後に説明しますが、その前に、こうした差別をまったく取り込まないで男女が対等な社会を作る方法を考えた思想家を紹介しましょう。それは、トマス・ホッブズです。

第四章　男女の対等性にもとづく社会構想
――ホッブズの権力論

神のいない「自然状態」

トマス・ホッブズ（一五八八年〜一六七九年）は、イングランドの清教徒革命の時代に国家とは何かについて考察した人です。彼が生きたのは、フィルマーとほぼ同時期で、ロックよりは少し早い時代になります。ホッブズは生涯のほとんどを有力な貴族の子弟の家庭教師として過ごし、国王チャールズ二世の皇太子時代にその家庭教師を務めました。ですから彼は国王に近い場所にいたのですが、実は特に宗教に関する思想があまりにも当時の常識からかけ離れていたため、王の側からも革命派からも疑いの目で見られることになりました。

ホッブズは、宗派対立により殺し合いが行なわれ、国家が分裂の危機に陥る革命の状況を見て、国家は人間にとってどのような意味があるのかを根本から考えようとしました。その考察は、一六世紀から一七世紀にかけてのコペルニクスの地動説を始めとした科学的発見の時代の影響を大きく受けています。彼は、実験や観察そして物事のつながりに注目するという科学的態度を自分のものとして、人間や人間社会について、現実にもとづき論理的に考察しようとしました。

国家を根本から考える時、ホッブズは国家のない状態を想定するところから始めました。それが「自然状態」です。そこから彼は、国家がどのように、何のために作られるのかを考えました。そして最終的には「社会契約」によって国家権力を説明しました。ロックのところで説明した「自然状態」や「社会契約」という考え方は、実はホッブズが先に示したものだったのです。ですから国家についての議論を説明する教科書では、ホッブズとロックは大体同じ「社会契約論者」として分類されます。しかし女性の観点から考察すると、彼らの議論の内容は正反対ともいえるものなのです。

特に重要なのが「自然状態」の解釈です。ロックがそこから家族と国家を分け、女性を家族に閉じ込めることになる議論を展開したのに対して、ホッブズはどのように論じているのでしょうか。

ロックの「自然状態」は、神によって創られた人間が神の命令に違反し、「楽園」を追放された後に生きる場所でした。そこで家族を作った後、男性たちが契約によって国家を作るとされました。ですから「自然状態」は、神の支配する「楽園」と国家との間に存在すると想定されていました。しかしホッブズの議論には神がまったく登場せず、彼の考察は、いきなり「自然状態」から始まります。そして、人間は神に創られるのではなく、「自然状態」においてひとりずつが、大地から「きのこのように」生まれてくるとされたのです。

ホッブズはこのイメージをギリシア神話からとったと思われますが、キリスト教徒であれば疑問の持ちようのない神による人間の創造という教えをまったく無視したこの議論は、キリスト教世界ではありえない内容だったと考えられます。人間の起源について、一九世紀にダーウィンが人間はサルと同じ先祖から進化したという進化論を発表した時、彼は大変な社会的非難を浴びましたし、今でもアメリカでは、神による創造を信じる人たちによって、学校の科学の時間に進化論を教えないよう訴訟が起こされたりしています。

人間の発生を神の創造と関係なく説明するホッブズの議論は、従来あまり注目されてきませんでしたが、これは女性の問題を考える際には非常に重要な論点です。なぜなら女性差別の根本にある、神により女性は男性に従うよう創られ、また「原罪」後に神が女性の服従を命令したというキリスト教の教えをまったく意味のないものとしているからです。

ホッブズの「自然状態」では、女性も男性も、自分ひとりで、他人と関係なしに生まれます。つまり完全に自由で、完全に平等なのです。そして、自分の生命を守ることを目的として生きていくとホッブズはいいます。それを彼は、「自己保存」とよびました。ホッブズは、人間社会の構成を考える時、一貫して人間が「生きる」という「自己保存」を目的として論じました。このようにひとりで生まれた人間が、どのように相互に関係を作っていくのか、それが次の問題となります。

人間関係の成立——ふたつの類型

ホッブズは、「自然状態」で完全に独立した状態で生まれた人間が人間関係を作るには、ふたつのやり方があると論じました。ひとつは、出会った人間同士が何らかの問題について対立し、敵対的な関係になるという形です。ここから有名な「万人の万人に対する闘争」という状態が生まれます。もうひとつは、男女が性的な「欲情」によって惹かれ合い、性関係を結ぶという状況です。ホッブズはこのように、アウグスティヌスが徹底して嫌悪し女性を抑圧する理由とした「欲情」を、人間の抱く当然の欲望として肯定しました。

人間が「自然状態」において出会い、こうした状況が生じた後、その関係はどのように展開するのでしょうか。最初の闘争状態においては、闘争の結果、一方が相手を打ち負かし勝利を収めることになります。それにより勝者は、負けた者の自由を奪って自分に抵抗できないようにし、場合によっては生命を奪うこともできるでしょう。ホッブズは、ある人間が他者の生命を左右できる力を「権力」とよびましたから、ここでは勝者が敗者に対する権力を持つことになります。

もうひとつの「欲情」により成立した男女関係は、永続的なものではなく一時的な関係です。なぜなら「自然状態」で人間はまったく自由に生きており、結婚という制度がないため、男女は関係を結んだ後すぐに別れてしまうからです。しかし、しばらくして子どもが生まれることがあります。この時、子どもの父親はもうそこにいないので、必然的に子どもは母の手に任され、母が乳を与えることで子どもの生命を持続させます。もし母が子に乳を与えなければ、子どもは死ぬことになるでしょう。それは母の意志次第なのです。それゆえ闘争状態の勝者同様、母はこの時、子どもの生命を左右できる力を持っているので、子どもに対する権力、つまり「母権」を持つことになるとホッブズは論じました。

こうした「母権」の議論を見て、現代の私たちは、「父権」もあれば「母権」もあるというように、これらを並べて考えることを不思議には思わないでしょう。しかし、西洋において女性が権力を持つ「母権」という考え方がありうると認識されるようになったのは、一八六一年に刊行されたバッハオーフェンの『母権論』が最初だといわれています。しかもバッハオーフェンは、古代に母権制が存在したとしながら、最終的には父権制が勝利したことを評価しているのです。ですからホッブズが一七世紀にこのような議論を提示しても、誰も理解することができなかっただろうと思われます。彼の議論はそれほど規格外だったのです。

人間の「自然的力」と「合意」にもとづく権力

このように闘争から勝者が、性関係から母が、それぞれほかの人間に対する権力を持つようになるという議論には、もうひとつ重要な論点が提示されています。

ホッブズは、このような権力は人間の持つ「自然的力」が起源なのだと論じています。つまり闘争においては、人間の持つ腕力が勝利をもたらし、相手に対する権力を与えることになります。また女性が母権を持つのは、子どもを体内で育み、出産し、授乳するという能力によります。腕力は一般に男性の方が強く、出産・授乳は女性の特性ですから、ホッブズは、両性が生まれつき持つ肉体的特徴、すなわち「自然的力」から、それぞれ異なる権力が発生すると論じたのだといえるでしょう。

権力の起源が人間の「自然的力」にあるとする議論は、女性の持つ特性をどのように評価するかに関わって重要です。アリストテレスやルターのところで見たように、出産を始めとした女性の肉体的特性は、常に女性を差別するための根拠として使われてきました。ホッブズはこれを、通常男性に帰せられる肉体的強さと並ぶ権力の起源として評価したのです。彼は、男性が優れた性であるから子どもに対する権力を持つという議論には根拠がないと論じています。もちろんこれはフィルマーに代表される「父権論」に対する反論だったのですが。

しかしこの「自然的力」は、権力の起源となるだけで、それを持続させることはできません。つまり敗者を縛り上げても、その後ずっとその状態で自分に従わせることはできないでしょう。そこで勝者は敗者に、抵抗して殺されるか、服従することで生きながらえるかの選択を迫ることになります。ホッブズは、すべての議論の基本を人間が生き抜くこと、つまり「自己保存」に置きましたから、この場合敗者は、自分の生命を救うために相手に従うことで生き抜こうとするでしょう。こうして勝者に服従して「奴隷」となることに「合意」し、これ以後勝者は、「主人」として権力を持ち続けることになります。

他方で母としての権力は、事実上子どもが生存を授乳に頼っている間は問題ありませんが、自分で生きられるようになれば失われることになります。それゆえホッブズは、母は、授乳によって子どもの生命を握っている間に、子どもが将来も服従するという「合意」を取り付けるのだといいました。乳飲み子が服従に「合意」するとは何とも無理な議論ですが、ホッブズは、子どもが成長した後も母に従っていれば暗黙のうちに「合意」したことになると論じたのです。

ホッブズの議論の周到なところは、このような両性の特性を権力の起源としながら、それを「合意」にもとづく権力に転換したことです。これによりいったん獲得した権力を持ち続けることができ、またほかの人に譲り渡すこともできるようになります。もし女性の持つ母権が女性の特性にもとづくとされたままだったら、子どもに対する権力は永遠に女性のものとなって、男性が子どもに対する権力を持つ可能性はなくなり、女性の支配が確立することになってしまいます。それは当時の社会常識ではありえないことでした。

それを避けるためにホッブズは、両性の特徴にもとづく権力を一般的な「合意」にもとづく権力に変えて、性にかかわらず持てることにしました。子どもの「合意」という強引な論理はそのためだったのです。これにより誰でもが、子どもが合意している間は子どもに対する権力を持てることになり、その権力は子どもが合意している間は持続するのです。

さまざまな夫婦関係

このように「自然状態」において母権を持ちながら生きていた女性は、男性と惹かれ合い持続的な関係を作ろうとすることがあるとホッブズは考えました。それが夫婦関係の問題です。「自然状態」における男女の対等性を前提としていたホッブズですから、どのような夫婦関係を作るかも男女の対等な立場を前提としており、当事者の選択によりさまざまな形がありうると論じました。

夫婦関係には次のような類型があります。まず、共に生活せず、時々会って性関係を結ぶだけの関係。次に、共に生活しベッドを共にするけれど、自分の持つ権力をそれぞれが維持する関係。最後に、すべてのものを共同にする関係です。このような関係が成立した場合、男性は「夫」、女性は「妻」とよばれるとホッブズはいいます。つまり通常「結婚」とよばれる関係です。

こうしたホッブズの議論を見る時押さえておくべきは、彼の考える夫婦関係は、キリスト教世界の常識である「肉体の一体化」をめざすものではなかった点です。彼は、あくまでも権力つまり誰が決定権を持つかという問題として、夫婦関係の考察を行ないました。彼は、時々性関係を結ぶ場合と、共に生活するだけの状態では、女性は自立したままで、自分に関わるすべての決定権、すなわち権力を握ったままであると考えます。ですから子どもに対する権力も女性のものです。しかし「夫」と「妻」とよばれる関係が成立した時には、どちらかひとりが共同生活を管理する責任を持つことが必要で、それは「大体」男性が担うことになり、子どもに対する母権も、男性に譲り渡されると論じたのです。

この議論は、女性にとって重要な論点を含んでいます。まず、ホッブズが夫婦関係について検討する中で、その形態についてさまざまな選択肢を示していた点です。女性はさまざまな条件を、自分の意志により判断することができ、その上で「合意」することで夫婦という関係を成立させるのです。

「合意」にもとづき肉体的一体化によって結婚が成立するというのが、イングランドにおける結婚の要件でした。しかしペイトマンが批判したように、その合意と契約は、当事者が対等に条件について検討できるような契約ではありませんでした。それに対してホッブズの結婚は、完全に当事者の考えにより、さまざまな選択肢が開かれているものだったのです。ブラックストンのところで述べたペイトマンの結婚契約に対する批判、すなわち結婚契約は当事者が条件について検討することを許さないという批判はホッブズには当てはまらず、彼は完全に自由な「合意」にもとづく結婚契約について構想したといえるのです。

しかしホッブズは、すべてを「共同」にするという強固な共同関係を作ることで、女性の権利を男性が吸収し、それに伴って母権も男性の手に渡って「父権」に転換するという形で議論を進めます。そしてその後の議論は、男性が権力を握って国家の形成に至るという道筋で論じられることになります。論理的には母が権力を持つという形もありえたのですが、当時そうした考え方は、仮定の話としてもありえなかったからです。

「パートナーシップ」――男女の共同権力の可能性

こうなると、結局ホッブズも最終的には男性が支配する「家父長制」に収束したのか……と思われます。しかし、彼が夫婦関係のあり方にこのようなさまざまな形がありうると論じたことは、「カヴァチャー」の縛りにある結婚関係とは異なる可能性を示すものでした。

ホッブズは、夫婦関係において女性が自分の権力を持ち続ける共同関係を「パートナーシップ」、強固な共同関係を結び、どちらかひとりが権力を持つことにする結婚関係を「ユニオン」とよびました。「パートナーシップ」という関係では、女性も独立したままで、母権も自分についての決定権も持ち続けることもできると、ホッブズは考えていました。しかし夫婦関係を、完全に一体的な「ユニオン」という形にしてしまうことで、女性は自分の権利をすべて失うことになると彼はいいます。これはまさに前に説明した「カヴァチャー」の状態だということになるでしょう。しかしこのような分析をすることでホッブズは、女性が夫婦関係において服従を強いられることになるのは、「ユニオン」という一体的な関係が成立する時だということを鮮やかに示して見せたのです。

そしてホッブズの議論で重要なのは、たとえ「ユニオン」という権力関係が成立しても、その時、権力を持つのは男性だけとは限らず、論理的には女性が持つこともできると考えられていることです。それは結婚をどのような形にするかに関しての協議で決定されることだからです。つまりホッブズの議論では、権力を持つ者は「生物的属性」によって決められるのではなく、男性であれ女性であれ、単にその「地位」に誰がふさわしいかという点から決定される問題だったのです。最初に説明した「伝統的家父長制」を変形した議論だといえましょう。

私自身は、ここで示された「パートナーシップ」という概念が、結婚における男女の対等な関係を考える時のヒントとなるのではないかと考えています。ホッブズの議論では、この関係は男女の肉体的な共同だけが想定されていますが、これを結婚生活における共同権力として運用することも可能でしょう。それによって女性も男性も自分の人格を失わず、共同して家族の運営を行なうことができるのではないかと考えるのです。

家族と国家の連続性

もうひとつホッブズの議論で重要なのは、家族と国家の関係です。彼は、闘争における勝利者が敗者を従え、また男性が結婚により母権を持った女性やその支配下にある子どもを取り込むことで成立する集団を「ファミリー」とよびました。ここで注意すべきは、「ファミリー」が私たちの考える血のつながりや愛情を基礎とした「家族」とはまったく異なる集団だとされていることです。なぜ人々がそこに加わるかといえば、「自己保存」

のためでした。ひとりでいるより集団の方が、自己保存が容易だからです。そしてそれを統率する男性の権力は、自分の支配下にある者たちの生命を守るためのものです。つまり権力とは、人を服従させると同時に、彼らを守るという責任をも伴うものだったのです。

ホッブズは、「自然状態」においてこのように成立した「ファミリー」から国家が成立するためのふたつの道筋を考えました。ひとつは、「ファミリー」がそのまま闘争やメンバーの結婚などにより大きくなっていき、国家とよばれるようになる道筋。もうひとつは、「ファミリー」の支配者が「社会契約」を結び、国家権力を作る道筋です。いずれにしても、国家は「ファミリー」が拡大したものであり、「ファミリー」と同質的な集団なのです。そしてその重要な目的は、それぞれのメンバーの生命を保障することでした。この点において、ホッブズの国家は、ロックの論じた国家とまったく異なっていたのです。

ロックは、神の管理する「自然状態」を想定し、そこでの家族の意味を極小化した上で、女性や子どもをそこに置き去りにしたまま、男性たちが自分の生命や財産を保障されるための国家を作ろうとしました。これにより家族と国家は分断されてしまい、女性や子どもの問題が国家の政策に反映されることはなくなりました。

それに対しホッブズの「ファミリー」は、そこに所属する人間の生命の保障を目的とし、支配者はその責任を負っています。このような「ファミリー」が拡大して国家になった場合、「ファミリー」に所属する人間はそのまま国家に組み込まれることになり、国家による生命の保障はすべての人に及ぶことになります。さらに「ファミリー」において男女が共同権力を持つならば、それが国家にも拡大され、国家における男女の共同権力という形態もありうることになります。

このようにホッブズは、当時のすべての人が前提としていた神を除外して社会を構想しました。その中で男女が対等に生まれると考え、それぞれの持つ肉体的特徴を権力の起源として認めました。そして、結婚関係においても合意によって男女が共同権力を持つ可能性を示したのです。彼は、西洋の伝統の中で作られた女性をめぐる差別の構造から完全に自由でした。その意味で、ホッブズは真に革命的だったといえるでしょう。しかしその後に出てきたロックは、再び神を引き入れ、これらを逆転させてしまいました。その後の社会は、ロックの描いたような形で作られていくことになります。

第五章　社会の変化と女性への影響

産業革命と性別役割分業の成立

イギリスでは一八世紀に始まった産業革命の影響により、家族に関しても大きな変化が起こりました。産業革命とは、さまざまな機械の発明を始めとして起こった産業構造の大転換です。機械の発明により色々な物が工場で大量生産されるようになりましたが、それに伴って家族は次のように変わることになりました。

それまでの社会は農業主体で、物の生産に関しても家庭内で小規模な手工業生産が行なわれていました。生産が、家庭内で、家族全員が生業に携わることで生活を維持するという形から、家庭とは離れた場所にある工場で行なわれるという形に変化すると、働く人は、家庭を後にして工場へ行き働くことになります。つまり家庭と労働の場所が分離されるということが起きたのです。

この時、大規模な工場の経営者となった人の家族では、経営者である男性だけが働けば充分に生活できる収入を得ることが可能となりました。これ以後イギリス社会の中心となっていく「ミドル・クラス（中流階級）」の誕生です。そして、女性も子どもも同じ家庭内で労働に従事していたものが、ミドル・クラスの家族においては男性だけが働く形に変わっていきました。夫が外で経済活動をするのに対して、労働から解放された女性には家庭を取り仕切る「主婦」という新しい役割が与えられました。このように産業革命は、男性と女性の役割の分化を生むことになったのです。

また子どもも、以前は大人と共に働いており、単にサイズが小さいだけで不完全な大人であると考えられていました。ですから夜更かしをしようが、酒を飲もうが人々は気にしなかったのです。しかし産業革命が起こった一八世紀頃から、「子ども」は大人とは違う存在であることが「発見」されていきます。それゆえ彼らは、独自の世話や教育が必要なのだと考えられるようになっていきました。そこで家にいるようになった女性に対し、

「母」という役割が強調されるようになっていきます。こうして女性は「妻」や「母」としての役割を果たすことが当然だとされるようになるのです。

このように歴史的に成立した役割の分化は、一九世紀になると男女の生理的機能による分化として説明されるようになります。つまり生まれつき性別が異なるから役割が違うのだという「性別役割分業」という考え方です。そして男女に対する教育も性別により分けられ、異なる教育が行なわれるようになっていきました。

さらに一九世紀ヴィクトリア女王の治世（ヴィクトリア時代）には、キリスト教の福音主義が大きな影響を及ぼしました。その中で女性の「妻」や「母」という役割には道徳的な意味が与えられ、女性には競争社会の現実に安らぎの場を提供し、社会的な悪を正しい方向へ導くという役目が期待されました。女性は、「家庭における天使（the angel in the house）」となり、「完全な妻（the perfect wife）」であることが望ましいとされたのです。

こうして「公・私の分離」と女性の家庭への囲い込みが実現された状況となりました。いわゆる「近代家族」の誕生です。

女性をめぐる問題と権利獲得運動

結婚して妻や母という役割を果たす女性が「カヴァチャー」という法理により無権利状態になることが容認されていたのは、すべての女性が結婚し、その利益は当然夫によって代表されると考えられていたからでした。例えば、女性の権利について論じたことで有名なJ・S・ミルの父のジェイムズ・ミルは、一八二四年版のブリタニカ百科事典において、そのように述べています。

しかし、その利益から外れた女性たちもいました。そのひとつがミドル・クラスの独身女性たちです。当時はミドル・クラスの男性が自分たちにふさわしい生活のできる収入を得るまで結婚を控える傾向があり、また海外移民や従軍、高死亡率などによって、結婚可能な男女の数にアンバランスが生じていました。それゆえ結婚できないミドル・クラスの女性が多数出現することになりました。こうした独身女性の存在は予定されていなかったため、彼女たちの人生は大変難しいものでした。上流階級のように財産もなく、労働者階級のように工場で働くわけにもいかなかったからです。

この時、彼女たちは「カヴァチャー」の縛りを受けなかったので、自分一身に関する権利は持っていました。ですからもし財産があれば、自分で財産を所有でき、税金を払うことができました。それゆえ性別を考慮しないで制定された法律にもとづいて、政治的な権利の主体となる可能性を持っていたのです。このような状況から、独身女性たちの権利への要求が生じることになりました。専門的知識や技能をめざした教育の要求、さまざまな仕事の機会均等、そしてそれらを確実にするための政治的権利の要求です。

彼女たちの要求に対し、一八四八年に女子の高等教育機関としてロンドンにクイーンズ・カレッジが開校したのを始めとして、一八六九年には市自治体の選挙権が地方税納入者の独身女性に認められました。こうして地方レベルの選挙権においては、一九世紀の末までにすべて認められることになったのです（巻末年表参照）。

一九世紀前半から、勢力を伸ばしたミドル・クラス、その後は労働者層の男性たちによって参政権を求める運動があり、女性たちもそれらの影響を受けました。しかし国政への参政権の壁は厚いものでした。初めて男性の参政権が拡大されることになった一八三二年の選挙法改正の前に独身女性の選挙権に関する請願が提出されましたが、それは逆に改正選挙法における「人（person）」という語が「男性（male）」に書き換えられるなどの反動をよび起こしました。その後裁判闘争が行なわれますが、最終的に出された判決（一八六八年Chorlton v. Lings case）は、「'man'は、法律・税務・義務に関しては女性も含むが、選挙権に関しては男性のみをさす」という内容でした。こうして残された道は、政治的キャンペーンだけとなったのです。

他方で、夫によりその利益が代表されるとされていた妻たちも、その理想とは異なる状況で苦しんでいました。家庭にいるべきだとされた妻たちに厳しい倫理観が要求されたのに対し、夫たちにはかなりの放蕩（ほうとう）が許されていたからです。それにより事実上の離婚状態や妻が遺棄されることなどが起こっていました。正式な離婚は非常に複雑な手続きが必要でほとんど不可能でしたし、親権も財産権も持たない女性たちは、大きな困難に直面せざるを得ませんでした。こうして結婚において苦しむ妻たちが、夫とは別の法的権利を求める運動を始めたのです。

まず一八三九年に、別居した夫から子どもへの面会を禁止されたキャロライン・ノートンの訴えが功を奏し、母親が七歳までの子に対する親権を申請することを認める法が作られました。ここから妻の財産権を始めとした法的権利、そして離婚の権利などの獲得をめざした運動へと進んでいきます。そして一八八二年にやっと妻が完全な財産所有権を持つことができるようになり、「カヴァチャー」による無権利状態から解放されたのです。このように少しずつ妻たちも権利を獲得していき、一八九四年には独身女性にすでに認められていた地方自治体の選挙権を獲得することになりました。残るは、国政への参政権の獲得でした。

このように当時多数を占めていた妻たちが法的権利を獲得したことは、後の参政権運動に大きな意味を持ちました。ひとつは妻たちが夫に依存するのではなく、一人前の法的主体として自立したということです。さらに財産所有権を獲得することで、財産の所有を基礎とする参政権を要求する条件が整ったことです。こうして一九世紀終わり頃から、独身女性、そして妻たちの双方がそれぞれの問題を解決するために、自分たちで国家の法を作ることのできる参政権を求めて激しい運動を展開していくのです。

参政権の獲得と残された問題

国政への参政権を求める女性たちの運動は、一八六六年にJ・S・ミルが国会に提出した請願から始まったといえましょう。一八六七年の第二次選挙法改正後にミドル・クラスの女性たちによる組織「女性参政権全国協会（The National Society for Women's Suffrage）」が組織され、その後一八七〇年代には、女性参政権が毎年議会で審議される状況が続きました。しかし、男性への参政権が徐々に拡大されたのに対し、一八八四年の第三次改正案に女性参政権を含める修正案がグラッドストン首相の反対で否決されると、女性の運動は低調となってしまいます。

「女性参政権全国協会」は、一八九七年に「女性参政権協会全国連合（The National Union of Women's Suffrage Society）」として再編成されますが、再び運動が動き出すのは、エメリン・パンクハーストらにより労働者女性を中心とした組織「女性社会政治同盟（Women's Social and Political Union）」が結成された一九〇三年以降です。これ以後の運動は、このふたつの組織が中心となって進められます。

しかしふたつの組織は、構成メンバーもその運動のやり方も、要求の基礎となる考え方もまったく異なるものでした。「女性参政権協会全国連合」はミドル・クラスの女性たちを中心としており、基本的にはミドル・クラスの男性たち同様、自由主義を信奉していました。そして、男性たちが獲得した権利を自分たちも同様に認められるべきだと考えていたのです。彼女たちの考え方は、ミルが一八六九年に刊行した『女性の隷従』の内容に合致したものでした。ミルは、個性の発達とそれを可能にする自由は人間の幸福に不可欠であり、どの人に対しても保障されるべきだと論じたのです。しかし、女性にも男性同様の権利を保障すべきだとする彼は、性別役割分業を問題にすることはありませんでした。

「女性参政権協会全国連合」の女性たちは、妻や母という役割を果たしながら社会的活動に携わることをめざしました。それは、使用人を雇い家事を任せる経済的余裕を持っていたからです。そして「個人の権利」という主張は、第一次世界大戦前には、女性は母という独自の役割を果たしているがゆえに、その意見を政治に反映させる参政権が必要であるという主張に変わっていきました。この主張は、女性が女性としての役割を放棄するつもりはないことを示していたため、男性にとっても受け入れやすいものだったのです。

それに対して「女性社会政治同盟」は、労働者女性を中心とした団体でした。その運動の特徴は、「ミリタンシー（Militancy）」とよばれる過激な活動です。彼女たちは、政治集会における野次や、デモ、座り込みなどを行ない、逮捕されて入獄することで注目を集めました。こうした行動は次第にエスカレートし、政府の弾圧が厳しくなることでますます過激になるというプロセスをたどります。最後には獄中でのハンガーストライキや、競馬場で馬の前に飛び出して死亡するなどの行為を行なうようになりました。

これらに対する政府の対応は非人道的であると批判されましたが、アイルランド自治問題や貴族院の拒否権などの問題を抱えた政府にとって、女性参政権は常に主要な争点ではありませんでした。こうして彼女たちの闘争は放火キャンペーンも含むゲリラ闘争へと過激化していきますが、その考え方は次第に労働者よりも「女性」を中心に置くものとなっていきます。

そもそも産業革命の結果ミドル・クラスにおいて性別分業が生まれ、女性が「妻」や「母」の役割を期待されるようになった時、最もつらい状況に置かれるようになったのが労働者女性でした。産業革命は、家庭内の小規模生産を工場での大量生産へと変え、これまで家庭内で働いていた男性が工場へ働きに行くことになりましたが、この時、労働者の家庭では男性の稼ぎだけでは生活できなかったために、女性も子どもも工場へ働きに行かなければならなかったのです。

しかし、社会の中心を担うミドル・クラスにより、女性は家庭の「妻」や「母」の役割を果たすべきだという考え方が主流になることによって、これまでは家庭で生業の傍ら家族の協力で行なわれていた家事は、女性の役割とされるようになります。こうして労働者の女性は、工場において劣悪な労働条件、低賃金で働くという労働者としての役割と、家庭における女性としての役割の両方を果たさなければならなくなったのです。

最初は労働党と連携していた「女性社会政治同盟」が、次第に女性中心の主張に転換するとともに運動が過激化して袋小路に入り込んでいった一九一四年八月に、イギリスは第一次世界大戦に参戦しました。これをきっかけに「女性社会政治同盟」はキャンペーンを中止して排外主義者に変身し、愛国的活動を展開したのでした。

第一次大戦はイギリスに甚大な被害をもたらしました。若い男性が多数戦死したため、戦後は彼らの仕事を女性たちが代わって担うことになりました。これを機にイギリスでは女性の社会進出が進んでいきます。

しかし一九一八年に初めて三〇歳以上の女性に選挙権が与えられたのは、こうした女性たちの活躍が評価されたからではありません。それは、戦時中に行なわれた女性たちの社会活動が、女性に与えられてきた家庭での妻や母という役割を損なうことがないとわかったからでした。さらに戦争は、人的資源という意味からも母という女性の役割の重要性を再認識させました。それゆえ母という役割を果たす女性の声も当然政治に反映させるべきだという「女性参政権協会全国連合」の主張が受け入れられることになったのです。

この時の改正によって二一歳以上の男性すべてに選挙権が与えられたのに対し、女性の年齢制限が三〇歳とされたのは、女性の有権者が圧倒的多数にならないようにするためでした。それゆえ女性については、一九二八年にもう一度選挙法改正が行なわれ、最終的には二一歳以上のすべての女性に選挙権が認められたのです。

このように女性は選挙権を獲得しましたが、そのことが女性にとっての新しい地平を開くのではなく、それまでの役割分業を補強したことも認めなければならないでしょう。権利が男性と同じになっても、女性たちの生活はその後も相変わらず「女性である」という「生物的属性」に支配され続けました。そして結局そのような状態は、一九七〇年代のフェミニズム運動まで続くことになったのです。

さまざまなフェミニズム理論

一九七〇年代に盛んになったフェミニズム運動は、女性であるという「生物的属性」による差別をなくすために闘いました。そこからさまざまな主張が出てきましたが、ここではそれらを五つの理論としてまとめてみましょう。その中で問題とされたのは、大きくいって次のふたつです。ひとつめは、近代社会において形成された「公的領域」と「私的領域」の分離をどのように克服するのかという点。そしてふたつめは、女性と男性の違いをどのように位置づけるかという問題です。このふたつの点についてどのように考えるかで、それぞれの立場が違ってくるのです。

まず始めに、ロックに代表される自由主義国家の公・私二分論の克服をめざすのが、「リベラル（自由主義）・フェミニズム」です。この議論は、国家と家族が「公」と「私」に分離され、女性が家族という「私的領域」に押し込められたことに対し、女性たちもその境界を超えて「個人」として生きることが保障されるべきだと主張します。

これに対し、二分された社会構造を、生命の生産と物の生産（すなわち出生の保障対生存の保障）に関わる家族と社会（市場）の分離という構図で捉えるのが、「マルクス主義フェミニズム」です。この議論は、家族において女性に振り分けられたさまざまな労働（そこにはもちろん子どもの生命の生産も含まれます）が、社会における物の生産の基礎となるにもかかわらず、無価値なものとして扱われることを問題視し、そうした社会構造の変革をめざします。

以上ふたつのフェミニズムの主張は、領域の二分論を超えて、男女の違いをなるべくなくしていこうという主張だと考えられます。それに対して、男女の違いを認めた上で女性の優位性を主張するのは以下のふたつのフェミニズムです。

ロックは家族を神の「自然」と結び付け、国家は契約により「人間が作ったもの（作為）」であるとしました。近代社会においては、ここから「自然」と人間の「作為」を対立させ、さらに女性を「自然」、男性を「作為」に結び付けて、「作為」を行なうことのできる男性を「自然」に支配される女性の上位に位置づける考え方が出てきました。これに対し「エコロジカル・フェミニズム」は、女性と結び付けられた「自然」を、地球や生物そして環境という現実の自然界の生態の意味として読み替え、自然界に悪影響を及ぼす男性の「作為」の原理より、「自然」と一体化し協同する女性の原理の方が優れていると主張します。つまり近代における「作為」という原理に対する評価を逆転し、「自然」の優位性を唱えるのです。

また、「カルチュラル・フェミニズム」は、「エコロジカル・フェミニズム」同様、男性と女性の違いを認めながら、女性には他者に対する思いやりやケア、共感というような独自の「文化」があり、それは、攻撃的で競争的な男性の文化より優れていると論じます。

以上のように男女の違いを認めた上で、これまで劣っているとされてきた女性に関わる価値を優位に置こうとするフェミニズムは、実は近代の作り出した男性優位の構造を逆転させるだけであり、女性と男性の間にある「家父長制」の問題を解決することにはならないと思われます。

それに対し、神の定めた男女の「自然」の秩序を最も先鋭的に批判したのが、「ラディカル・フェミニズム」です。特にその論客だったシュラミス・ファイアストーンは、神の秩序のもとである、神が生命を生み出し、男女の性の区別を定めたという神話に対して根源的な批判を加え、それを超える対案を提示します。それは、人間を人為的に生み出す人工生殖の構想です。神が男女の性（セックス）を定め、罰として女性に与えた出産という行為により女性が「自然」の肉体に縛られるならば、人工生殖を使って、人間を生み出すことから女性を解放すればよい。それにより女性は、神の創った「自然」における「セックス」の二分法を超越し、性に関わるすべての呪縛から解放される。そのようにして女性も、近代がめざした本当の「個人」として生きていくことができるだろう。以上がファイアストーンの「性の弁証法」という主張です。

これは、神が男女を生み出し女性の従属を定めたという神話に対して、人間がそのような力を奪取することをめざしたともいえましょう。こうしてファイアストーンは、生命を産む肉体を持つことで女性が抑圧される状況に対し、その肉体の意味を清算することで抑圧構造を清算しようとしたのです。

この「ラディカル・フェミニズム」を見ることで、西洋のフェミニズムの究極の意味を理解することができます。すなわち「フェミニズム」とは、究極的には、近代に至る革命によって、神が定めたとされた国家の政治秩序が転覆され、国家秩序を人間が作るとされたように、家族における男女間の〈性と生殖の秩序〉においても神による秩序を転覆し、その根本にある男女の性別（セックス）をも含めて、神ではなく人間がすべての秩序を作ることをめざした運動だったのです（生殖医療の推進や同性愛の解放の主張も、この思想の文脈で考えることができます。神が男性と女性を創り、一体となるように定めたがゆえに、同性同士の性関係は禁じられてきたのですから）。これによって神により定められた女性に対する「家父長制」は完全に解体するはずです。

しかしペイトマンが指摘するように、そもそも女性と男性という「生態そのものは抑圧的ではない」でしょう。フェミニズムが提起したのは、男女が共に性的存在であることを否定せずに、次の世代の育成を保障し、男女双方に抑圧のない人間社会をどのように作るのかという問題だったと思うのです。

こうした西洋のフェミニズム運動は、日本にも影響を与えましたが、実は日本の女性差別に関する問題は、西洋とはまったく異なる経緯によって作られたものでした。次にそれを見ることにしましょう。

第Ⅱ部　日本における女性差別の言説と実態
――儒教・「家」・明治民法

第一章　イデオロギーとしての儒教

日本における問題

　これまで見たような歴史的経緯によって女性に対する「家父長制」が正当化されてきた西洋に対し、日本の状態はどのように説明できるのでしょうか。日本においても、江戸時代から戦前まで女性差別の構造が作られてきており、それが現在まで影響を与えているという説明がよく見られます。本当にそういえるのでしょうか。ここからは、西洋の状態を念頭に置きながら、その点について検討していきたいと思います。

これまで西洋において歴史的に女性差別を作ることになった考え方を、神・契約・法という形で検討してきましたが、これらを日本に置き換えると次のようになるでしょう。

まず西洋では、キリスト教の神の命令により、この世の男女における差別的な関係が決定されたと人々は信じてきました。それゆえこの考えは、男女関係は「こうあるべきだ」という形で人間の考えを縛る「イデオロギー」だと考えることができます。日本においては、徳川政権が儒教にもとづき政治を行なったため、儒教の女性をおとしめる教えが女性に対する抑圧を作り出したのだとしばしば説明されます。それゆえ「儒教」が、イデオロギーとして女性差別を作るよう機能したのかについて検討する必要があります。

また、西洋において近代社会が成立する時基本となった「契約」という考え方は、社会や結婚関係をどのように作るかを説明するものでした。日本においては、社会や結婚関係の基礎を形作っていたのは「家」であり、そこでの家父長制構造により女性は抑圧されてきたのだといわれてきました。それゆえ「家」がどのようなものだったかを見た上で、「家」において本当に夫婦間の「家父長制」が成立していたのか、その実態を検討することにします。

そして、家族関係を国家がどのように定めるかを示したのが法でした。日本でも、明治時代に作られた明治民法に定められた「家制度」が、江戸時代以来の「家」のあり方を法として規定し、そこでの「家父長制」を保証することで女性への抑圧が続くことになったのだとよくいわれます。それゆえ明治民法の「家制度」についても考察することにします。

徳川政権下で儒教の教えがイデオロギーとして「家」における男女関係に影響を与え、それが明治民法の「家制度」として定式化されて、その残滓(ざんし)が戦後にも存続したことが、現在の女性差別の問題へとつながったのでしょうか。

徳川政権における儒教の位置づけ

まず江戸時代に儒教が女性差別のイデオロギーとして機能したのかという問題です。西洋においては、そもそもキリスト教が人々の世界に対する見方を形作っていて、その中に男性による女性に対する支配という考え方も組み込まれていました。つまり人々はそのような教えを聞いて育ち、女性の男性に対する服従は、疑う余地のない当然のこととして内面化されていたのです。日本においては儒教がそのような役割を果たしたのでしょうか。それを検討するために、まず徳川政権の支配が儒教にもとづき、それを人々に教え込もうとしたのかを見てみましょう。

徳川家康は儒教を好んで学んだといわれていますが、徳川政権が儒教を支配のよりどころとし、その教えに沿う形で支配を行なったことはありません。そもそも徳川政権は武士の政権、つまり武力によって成立したものです。そして、特に一七世紀後半まではその統治は戦(いくさ)のあることを常に前提としていました。武士は剣の道を磨く必要はあっても、儒教の経典を読んで立派な統治者になるよう学ぶことは強制されませんでした。現に将軍の剣術指南役だった柳生(やぎゅう)家は大名でしたが、儒者は往々僧侶のように、武士とは異なる特殊技能者として扱われていたのです。

五代将軍綱吉(つなよし)により湯島聖堂が作られ、儒者である林(はやし)家が大学頭(だいがくのかみ)になったとしても、徳川政権が体制強化のために儒教を採用することなどありませんでした。儒教思想にもとづく「大学」という機関も、優秀な官吏を選抜する「科挙」も日本にはなかったのです。中国社会で生まれた儒教の示す思想は、武士の作り上げた徳川社会とはあまりに違いすぎました。もちろん儒教に興味を持ち学ぶ人はいましたが、それはある意味趣味のようなものでした。一八世紀前半に儒者新井白石（はくせき）が、徳川体制を儒教思想にもとづくものに転換しようとしますが、その努力は、その後徳川吉宗（よしむね）によってもとの形に戻されてしまいました。

儒教が多少なりとも幕府の公認となり武士が学ぶようになったのは、一八世紀の後半頃からです。この頃から各藩に藩校が作られるようになり、また一七九〇（寛政（かんせい）二）年、松平定信が「寛政異学の禁」により、それまで林家の私塾だった湯島聖堂を幕府の学問所として、そこで儒教の中の朱子学以外の学問を教えることを禁止しました。そして短期間ではありますが、朱子学の試験によって人材登用を図ろうとすることも行なわれました。このこともあって、藩校で多くの武士が儒教を学ぶようになったのです。ですから武士が全体として熱心に儒教の教えを学ぼうとしたのは、一八世紀の終わり頃からだということになります。

このように、徳川政権が儒教の思想により政治を行ない、人々にもその教えに従って生きるよう強制したことはありませんでした。武士についての記録や武士の日記を見ても、彼らが儒教の教えに従って生きているようには見えないのです。

『女大学』と女性の教育

それではこれとは別に、女性に対して儒教による服従の教えが説かれたのでしょうか。

確かに儒教の教えの中には、男性は太陽のように尊く(「陽」)、女性は月のようであって(「陰」)服従すべき存在だと教える「陰陽説」(ルターの教えに似ている!)や、結婚生活において妻が注意すべき七つの問題点を挙げ、女性にこれらに気をつけて離縁されないよう説く「七去」、女性は人生の始めは父に従い、結婚後は夫に従い、夫の死後は子どもに従うべきだとする「三従」など、女性の服従を当然だとする内容がたくさんあります。

そして、儒教を支配の基礎とした徳川政権下でそれらが『女大学』というテキストにまとめられて教えられ、女性の服従を強要してきたという説明があります。

しかし、『女大学』のもととなったといわれている貝原益軒の『和俗童子訓』巻之五の「女子を教ゆる法」が書かれたのは、一七一〇(宝永七)年であり、それを女子教育用にまとめた最初の本『女大学宝箱』が刊行されたのは一七一六(享保一)年です。ですから、少なくともそれ以前に女性が儒教のイデオロギーによって行動を縛られることはなかったといえます。

　そもそも江戸時代には、女性の教育は基本的に家庭で母親が行ないました。女子は将来結婚して、「家」において家政に関わる役割を果たすことが前提とされていましたから、それに必要な教育がなされたのです。

　徳川政権が終わりに近づいた一九世紀前半から庶民の教育機関である寺子屋（塾）も多く作られ、多くの子どもたちが六歳頃から通うようになりました。特に天保（てんぽう）の改革（一八四一年～一八四三年）により、女子には『女大学』をもととする「女今川（おんないまがわ）」「女孝経（おんなこうきょう）」などを教えることになったので、この時期以降の女の子は、儒教の唱える女性の徳目に触れる機会を持ったといえるでしょう。

　しかし当時は、武家でも女子は仮名が読めれば充分だと考えられており、塾ではテキストを書き写し、読む練習をするだけで、その内容について理解するような教育はされませんでした。ですから自分で『女大学』のテキストを読み、その内容を理解できる女性はごく少数だったといえるでしょう。一二歳ぐらいになれば裁縫を習うようになるので、それ以後は実用的な教育になります。また商人層では、武家奉公のためにさまざまな芸事の修業も重視され、それらを学ぶことが多かったのです。

しかも教育は任意でしたから、全員がそのような機会を持つわけではなく、幕末から明治の初めにおいて、女子の就学率は一〇%程度だったと推定されます。家業の忙しい時には休むこともあり、通うのは数年だったとされています。このような状況から考えて、徳川政権下で女性に儒教の教えが浸透し、それによって女性が抑圧されていたとはいいにくいと思われます。

儒教の教えの変質

さらに重要なのは、日本では夫婦関係に関する儒教的な教えが説かれるに際して、その内容が変質していたという事実です。儒教における人間関係の基本的な道徳を示した「五倫」という教えの中で、男女関係に関しては「夫婦別あり」と述べられています。つまり夫と妻にはそれぞれの社会的役割があって、それらを守り乱さないことが人間としてのあるべき姿だといわれているのです。そして男性は「陽」なのでその領域は家の外、妻は「陰」なのでその領域は家の内なのだとされていました。

しかし日本では、この「夫婦別あり」という教えが、「夫婦相和し」や「夫婦仲良く」に変更されて説かれました。渡辺浩氏の詳細な研究によれば、これは江戸時代を通じて、またさまざまな文書において見られることでした。日本人にとっては、儒教が教えるように夫婦が距離をとってそれぞれ別の場所にいるべきことは、当たり前のことではなかったのです。

中国では文字通り女性は内にこもって外を歩かず、店先にも女性の姿はありませんでした。それに対して日本の女性が社会的に生き生きと活動し、男性と共に戸外で労働し、また芝居見物や物見遊山に出かけて行った様子は、徳川時代の始まる前の宣教師たちの記録、徳川政権下の朝鮮通信使の記録、そして明治の初期に来日した欧米人の記録にもあふれていますし、女性自身の書いたさまざまな日記などからも見てとれます。そこには男女の関係が家父長制的であるべきだという考え方が見当たりません。つまり江戸時代に儒教が男女間の家父長制イデオロギーとして機能したということはいえないのです。

日本において女性たちの生活は、次に述べる「家」のあり方に対応するものであって、それに適合的な教えが「夫婦相和し」だったのです。

第二章 「家」における夫婦関係

日本の「家」の特徴

西洋において契約により夫婦関係が成立すると説明されたのに対し、日本で夫婦関係の枠組みを作ったのは「家」でした。それでは「家」の中の夫婦関係は家父長制的であり、妻は服従を強いられていたのでしょうか。

一〇世紀頃に公家の間で成立した「家」は、武士においても一五世紀後半には世代を超えて引き継がれるべきものと考えられるようになりました。徳川政権成立後の一七世紀後半になると、諸法度が整備されて武士の「家」は政権により統制されるようになり、庶民の間にも「家」意識が成立するようになりました。こうして人々の生活は、「家」を基本として営まれるようになったのです。

江戸時代の「家」は、基本的に夫婦とその血族、そして使用人から構成されていました。「家」の運営のために各メンバーにそれぞれ「職分」にもとづく役割が与えられていて、それぞれの「職分」が組み合わさることで「家」の全体が構成されていました。「家」はこうした構造により「家業・家産・家名」を継承し、祖先祭祀（さいし）を伝えることをめざす企業体だったのです。武士の「家」は「家職」を領主から与えられるので、その規制を受ける点が庶民の「家」とは異なりますが、基本的な構造は変わりませんでした。現在の家族経営の中小企業に類似した構造だったと考えれば、わかりやすいと思います。

このような「家」における最大の目的は、「家」が継続することでした。これは武士も庶民も変わりません。人々の生活はそのためにありました。ですから夫婦関係も、この目的に適合するように構成されました。まず「家」において夫婦関係を成立させるための結婚は、「家」同士の契約だと考えられていましたが、結婚する当事者の意見が無視されることはありませんでした。庶民の結婚は仲人が証人になることが必須条件であり、「家」の属する村などの共同体の承認が重要だったので、共同体の人々への披露が大規模に行なわれました。武士の場合は主君の承認が必要でした。

男性が妻を迎えることは、「家」において「女房」という職分を果たすのに適合的な人物をリクルートするという意味でしたから、その職分に合わない時には、簡単に離婚することが行なわれました。手続きは異なりますが、離婚は夫、妻どちらからも要求することができました。庶民においては、離婚の際に夫から「三行半（みくだりはん）」といわれる離縁状を交付することが必要とされていましたが、それは夫による一方的な離婚の宣言ではなく、離婚したことの証明書でした。それがあることにより、両者がそれぞれ再婚することができたのです。武士は離婚も主君に届ける必要があったので、こうした手続きは必要とはされませんでした。

「三行半」を詳細に検討した高木侃（ただし）氏によれば、離婚の理由は男女とも不倫から身持ちの悪さ、性格の不一致まで現代とあまり変わりません。そして重要なのは、妻からの「飛び出し離婚」も多いということです。離婚したい妻は、実家に戻って帰って来なかったり、仲介してくれそうな有力者の家に駆け込んだり、最終的には縁切寺に駆け込んだりして、離婚の仲介がなされるように求めました。そして、離婚の決着まで有力者や仲人、親族による仲介が行なわれ、円満な解決がめざされたのです。

高木氏によれば、当時は一度結婚した女性は「家」の職分に関する経験を積んだと評価され、離婚したことがマイナスに働くことはなかったといいます。そうであれば女性たちは簡単に離婚し、また再婚しました。高木氏の『三くだり半』には、江戸から明治にかけて七八回結婚した女性の例が紹介されています！　つまり結婚して「女房」という職分を経験することは、女性にとってのキャリア形成だったということなのです。そして別の男性との再婚は、女性にとっての転職だったということでしょう。現代でも、少し前までは結婚することを「永久就職」といったりしましたが、これは妻になることをキャリアと考える意識の名残かもしれません。

夫婦関係の実態

結婚した後の夫婦は、「家」の「当主」と「女房」としてそれぞれの職分を受け持つことになりました。「当主」は「家」の代表としての職分を担い、家業全体に責任を持ちました。特に重要なのは、企業体としての「家」の財産、つまり「家産」を守り次世代につないでいくことでした。「家産」は当主個人の所有なのではなく、文字通り「家」の財産だったので、当主の役割は「家産」を管理する管財人の役割だったといわれています。重要なのは、このように「家」を代表するとされた「当主」は、「家」全体を支配する権力を法により保証されていたわけではないという点です。つまり「当主」が「家」のメンバーに命令し強制する力を与えられてはいなかったということです。

これに対する「女房」は、家政を担当し家業がうまく運営されるように管理しました。彼女はいわば「家」におけるマネージャーのような役割を果たしており、家族や使用人の世話だけでなく、さまざまな交際などにも気を配りました。「当主」と「女房」はいわば共同経営者のような立場で分業しながら、「家」を継続させるために働いたのです。つまりふたりはそれぞれが独立した役割を果たしながら協同する関係であって、西洋のように一体の関係ではありませんでした。夫と妻の関係がこのように独立したものであれば、一方が命令し他方が服従するという関係にはならず、その間に家父長制的な関係が成立することはなかったでしょう。

そして、そもそもこの時代は、「家」において現代のように夫婦だけをペアとして考えることはなく、妻も夫の親類のうちのひとりとして分類されていました。婚姻手続きは養子縁組の手続きと同じでしたが、それはつまり両者とも「家」のメンバーとして新しく迎え入れるという意味で同じだと考えられたということでしょう。

当時の武士や女性の書いた日記などを見ても、夫に来客があれば夫と共に談笑する妻の姿や、病気の妻におかゆを作って運ぶ夫、妻の具合が悪い時には夫が子どもを勤め先の役所に連れて行き面倒を見るなどの姿が見られ、夫婦が助け合いながら協同して「家」を運営している様子が見てとれます。

「家」における妻の独立性

このように江戸時代の「家」における夫婦は一体ではなく、妻はイングランドの妻たちとは異なり、かなりの独立性を保って自分の職分を果たしていました。こうした妻の独立性は、「家」に関わるほかの事項についても見ることができます。

そもそも女性たちは、結婚後も自分の姓を変えることはありませんでした。つまり「夫婦別姓」だったのです（後に述べるように、主として女性が結婚により姓を変えるようになったのは、明治民法によります）。「姓」は自分の出自を表すと考えられていたので、女性は結婚後も依然として自分の生まれた「家」の姓を名乗りました。それは、女性が結婚しても、「実家」におけるメンバーシップを保ち続けるという意識があったためだろうといわれています。こうして見ると妻は、自分の「家」（実家）から婚家に出向した社員のようなものだったと考えることができるかもしれません。

結婚における財産権の移動に関しても、このような考え方の影響が見られます。そもそも西洋の妻たちと比べて注意すべきは、この時代でも妻が自分の財産権を持っていたことです。つまり自分の財産は好きなように使えたのです。女性が結婚しても、彼女の持っていた不動産、持参道具、婚姻中に取得した財産は、妻の所有になりました。妻の持参金や持参不動産は夫のものになりましたが、離縁した時には妻の実家に返還されました。

また、親族が亡くなった場合の喪に服するやり方についても、独立性が見てとれます。血族が亡くなった場合には夫と妻がそれぞれ独立して喪に服することが、幕府の法令に定められていました。それによれば、妻も夫も、相手の血族のために喪に服する必要はなく、自分の血族についてだけ喪に服しました。また、夫の父母が亡くなった場合妻が喪に服する期間は、自分の父母の場合より短い規定となっていました。

そして刑事罰においても、妻は、夫の尊属より自分の尊属に対する罪の方が、重く罰せられるようになっていたのです。妻は、生前の寺請けにおいて生家の寺に属することもあり、また死んだ後も、妻と夫が別々の寺に葬られることも珍しくありませんでした。

これらを見ると、女性は自分の「家」に片足を置きつつ夫の「家」に出向したような状態であり、夫も妻も、すべて自分の生まれた「家」を優先したのだということができるでしょう。このように「家」の夫婦関係においては、夫も妻も独立した立場を持っており、男性が女性に権力を行使するという「家父長制」は、江戸時代の日本では成立していなかったと考えられるのです。

舅（しゅうと）・姑（しゅうとめ）との関係

日本では夫婦間の「家父長制」は成立していなかったといえるのですが、女性の立場から「家」を見る時、重要なのは舅・姑との関係だと思われます。現代でもこの関係をどうするかは、なお結婚における悩ましい問題として存在します。日本においては、「家父長制」の問題は男女間の問題ではなく、常に親子間の問題として存在したといえるでしょう。これ以後の説明との関連でも、その点を押さえておくことは重要です。

女性が若いうちに結婚した場合、夫はまだ当主となっておらず、舅がその座にあるという状態がありました。その場合は姑が女房としてマネージャー役を果たしていることになります。そうした時には、姑が嫁を後継者として教育することが行なわれました。それが成功した場合は実の娘よりしっくりいったといいます。もちろんその過程で軋轢を生じることもあったと思われますが、これはいわば「家」における女房役を果たすための社員教育だったと考えられるでしょう。

当主であった舅が病気や高齢で息子に当主の座を譲ることがありました。この場合、舅・姑は隠居します。これは、当主と女房として「家」を運営していく責任を息子夫婦に譲るということでしたから、これ以後親夫婦は第一線から退き、親としても「家」の運営に口出しすることはありませんでした。企業体としての「家」の経営者が替わったと同じことでしたから、これは当然のことでしょう。つまり「家」では、親子という関係より企業体としての「職分」の方が重視されていたのです。それゆえ宗門人別改帳の名前の記載順においても、当主の時には筆頭に書かれていた親の名が、隠居後は家族の最後に書かれるようになりました。

そして、隠居した親夫婦は息子夫婦と別居するという慣行が、特に西南日本にはありました。その内容は、同じ家屋にいながら料理のかまどだけは別にするものから、別居し、経済的にも別会計で暮らす場合までさまざまな形態がありました。また、当時の人々の寿命は現在と比べて短かったこともあって、二世代の夫婦が同居して対立するというような状態は、それほど一般的ではなかったと考えられます。

妻の権利

『女大学』のもとになったと考えられている貝原益軒の『和俗童子訓』の巻之五「女子を教ゆる法」の内容を、これまで説明した「家」の実態と比べてみると、まったく実態とかけ離れたことを述べていることがわかります。

まず男女関係について益軒は、男女は内と外の区別をたてて、それを守るようにと書きます。また、夫を主君と思って仕えるように、とか、夫を天だと思って侮ることのないようにしなさいと述べていますが、これらは日本の協同的な夫婦関係とはまったく異なる記述であることは見た通りです。そして、一度結婚したら夫の家を自分の家だと思って、再び自分の生まれた家に帰ることのないようにしなさいといっていますが、これも当時の結婚の実態とかけ離れた言説だったことは明らかでしょう。彼が「七去」により離婚される原因を挙げて女性に注意を促すことなどお構いなく、当時の離婚は頻繁だったのですから。

また、舅・姑との関係については、以下のような叙述があります。女性の生き方は人に仕えることであるべきなので、自分の家では父母に仕え、結婚後は舅・姑や夫に仕えなさい。舅や姑を自分の親よりも重んじて孝行を尽くしなさい。さまざまな付き合いにおいても自分の親の方を先にして、夫の方を後回しにしてはいけない。このように益軒は書きますが、実際には女性が自分の実家を優先していたのです。こうしてみると、益軒が述べた内容とは異なる実態があったからこそ、彼はこのような主張をしたのではないかと思われるのです。

江戸時代の女性と夫婦関係の状況を見た上で確認しておきたいのは、当時の女性が自分の財産所有権と離婚の権利を持っていたことです。通常このふたつの権利は、女性の解放を見る際の重要な指標とされています。自分の財産を持つことにより女性は独立して生活できますし、離婚の権利により望まない夫婦関係を解消することができるからです。

イングランドの女性が「カヴァチャー」から解放されて自分で財産所有権を持つことができるようになったのは一八八二（明治一五）年でしたし、夫と同じ条件で離婚が可能になったのは一九二三（大正一二）年でした。これを考えると、江戸時代の日本の女性は、イングランドの女性より解放されていたといえるのです。

第三章　明治国家による「家父長制」形成の試み

「家父長制」のふたつの潮流

明治になった後、政府は西洋国家にならって法により国民を統制しようとしました。家族に関しても、法により統制することで国家の基盤とすることをめざしたのです。その際政府は、一貫して家父長制的家族を作る政策をとりましたが、その中には、「家父長制」に関するふたつの異なる流れが存在しました。

ひとつは、中国に由来する父系による家族をめざす流れです。つまり男性が父として権力を持つ〈父権的家父長制〉（ペイトマンの分類でいえば「古典的家父長制」）とよべるものです。これは、明治になって王政に「復古」することから出てきた流れです。武士の統治を否定して「復古」する場合、そのモデルは武家政権成立前の律令制だということになります。明治初期の政策は、こうして律令制の昔に戻ることがめざされたのですが、家族に関してみると、その考え方は一八七一（明治四）年に制定された「戸籍法」に典型的に現れています。

国民を把握するために、明治政府は「戸籍」を編成しました。江戸時代にこの役割を担っていたのは宗門人別改帳でしたが、戸籍に人々を記載するにあたって、明治政府は父親とのつながりを重視する方針を打ち出しました。「家」を代表する当主を重要だと考えていた江戸時代の宗門人別改帳とは異なり、戸籍においては必ず前の「戸主」だった父の名を始めに明示し、「家」における父系を明らかにするようにしました。また、江戸時代には親は隠居すると家のメンバーの最後に書かれることになっていましたが、戸籍においては、「戸主」の次で、「戸主」の配偶者より前に書かれるようになったのです。つまり戸籍の記載順は、尊属・直系・男性を優先するという順になりました。また太政官布告によって、家督は長男が相続することに定めました。

こうして明治政府は、家族関係に男性が「父」として家をつないでいくという男系・父系による〈父権的家父長制〉を導入しようとしたのです。これには武士の「家」が男系であったことも影響を与えていると思われます。

もうひとつの「家父長制」は、西洋に由来する、男性である夫が権力を持つ〈夫権的家父長制〉（ペイトマンの分類でいえば「近代的家父長制」）ともよべる流れです。明治政府は、近代国家の体裁を整えるために西洋的な法の制定を急ぎました。その中で家族関係に関わるのが民法です。民法の制定を急ぐため政府は、西洋法を真似るという方針をとり、フランスから招かれていたボアソナードの助言のもと制定作業を進めました。そして一八九〇（明治二三）年に、一度民法（「旧民法」）を公布しますが、このうちの親族に関わる規定について、日本の状況に合わないなどの批判（特に「民法出でて忠孝亡ぶ」という穂積八束の反対が有名）が起こったため（「民法典論争」）施行が延期されて、もう一度検討され改変されたものが一八九八（明治三一）年に公布されました。

このような状況から、女性差別を問題にする際、明治民法に関しては次のような言説が一般に流布してきました。つまり西洋法の影響を受けた個人主義的で進歩的な「旧民法」が保守派の反対によって変更され、抑圧的な内容に変わったのだ。その結果、明治民法に

「家制度」が規定され、それにより女性が抑圧されるようになったのだという解釈です。ここではその言説を検討するために、まず、そもそも「旧民法」に影響を与えたとされているフランス民法において、夫婦間の「家父長制」はどのようなものだったのかを見た上で、「旧民法」が変更されて公布された明治民法の内容を検討したいと思います。

フランス民法の検討

前に述べたように西洋では長いこと結婚は教会の管轄する事項でしたが、フランスでは一七八九年のフランス革命の結果、結婚は個人同士の自由な契約であるとする憲法が一七九一年に成立しました。そして、一八〇四年にナポレオンにより民法典が制定され(「ナポレオン法典」)、結婚の成立及び解消手続きとそこから生じる権利関係を、すべて国家が掌握することになったのです。しかし、結婚についての考え方は相変わらずキリスト教の教えにもとづいており、また「ナポレオン法典」がローマ法の家父長制的伝統を引き継いでいたこともあって、民法典の内容は、家父長制的であることを免れられませんでした。

特に重要なのは、夫による家父長制権力が法の中に規定されていることです。「ナポレオン法典」には、「夫は妻を保護し、妻は夫に従わなければならない」（第二一三条）とはっきり書かれており、結婚関係が「近代的家父長制」を前提とすることが見てとれます。この妻の服従を規定した条文の内容は、一九三八年の改正でも一九四二年の改正でも維持されて、最終的に夫婦間の役割について法的平等が実現したのは、一九七五年のことでした。

またこの規定に従って、妻は法的に無能力であるとされました。つまり妻は、契約を結んだり財産を処分するなどの法律行為が行なえないということです。夫は自分の財産・夫婦の共有財産そして妻の固有財産の管理権をすべて持ちました。つまり妻は財産所有権を持っていましたが、実質的には夫がそれを管理し、勝手に処分することができたのです。一九六五年まで、妻は仕事をするにも夫の許可を得る必要がありましたし、夫と別の仕事をして得た収入も、一九〇七年までは自由に使うことができませんでした。子どもに対する父母の共同親権が認められたのは、一九七〇年のことです。そして、夫婦それぞれが財産処分権を持つとされたのは、実に一九八五年のことだったのです。こうした規定を見ることで初めて、二〇世紀になってからのフェミニズム運動がなぜ必要だったのかがわかるような気がします。

以上のように、保守派といわれる男性の学者から進歩的すぎると批判された「旧民法」に影響を与えたフランスの民法は、わかりやすすぎるほど「近代的家父長制」を体現したものでした。それでは次に「家制度」を規定し女性を抑圧したといわれる明治民法の内容を見ることにしましょう。

「旧民法」と「民法典論争」

明治民法のいわゆる「家制度」を検討する前に、「民法典論争」において西洋法の影響を受けて進歩的だとか個人主義的だと批判された「旧民法」は、どのようなものだったのか見てみましょう。その内容を、西洋の個人同士が契約をするという結婚観と日本の「家」を前提とした結婚観の違いをふまえた上で読んでみると、確かに「旧民法」は、ひとりの女性とひとりの男性が結婚することで関係を始めるという「個人」を中心とした結婚観に立っているということができます。その意味で、「家」を基盤とした結婚を考える日本人にとっては、あまりなじめない内容だったといえるでしょう。

しかし法律の条文としては、論理的で筋の通っている印象を受けます。問題は、「家」における当主の座を引き継いだ「戸主」の存在を認めながら、西洋的な夫婦関係における夫権的な「家父長制」の考え方で条文を構成しようとしたことだと思われます。

そもそも日本では、「家」の中で夫婦だけを取り出して考えることはありませんでしたし、「家」における夫婦の役割は、「家」を継承していくことでした。ですから「旧民法」に反対した人たちは、「戸主権」を持った父から子へと系統が続くことを重視したのだといえましょう。それゆえ女性の観点から「民法典論争」を見た時、この論争における争点は、男性が夫として権力を持つのか、また父として権力を持ち「家」の存続を保証するのかという対立として理解することができます。つまり西洋のように夫が「男性である」という「生物的属性」を根拠として権力を持つとするのか（ペイトマンのいう「近代的家父長制」）、男性が「父」という「生物的属性」により「家」を継続させるために権力を持つのか（ペイトマンのいう「古典的家父長制」）という対立です。

明治民法の「家制度」の内実

こうした対立の結果最終的に公布された明治民法親族編は、最初に「戸主」に関する規定を置き、男系・父系主義をとったといえましょう。つまり、夫婦関係よりも男性の直系たる親子関係を重視するという立場です。しかしその中に、「旧民法」にあった夫権主義が混じることになりました。これだけであれば、大きな問題は生じません。なぜなら「戸主」には常に男性がなることにすれば、男性が「夫」であり「戸主」だということになり、その間に矛盾が生じないからです。しかし問題だったのは、江戸時代に庶民の間にあった「女当主」と同様に、明治民法が「女戸主」を認めたことです。なぜなら、女性が権力を持つことは、男系・父系主義の考え方からも、夫権主義の考え方からも、本来ありえないことだったからです。

しかし、もともと日本において男性が「家」を継ぐという男系主義は「家」を継続させることが目的でしたから、その目的のためには例外を認めるものでした。そして明治になった後、戸籍同様の男系主義を採用し、家督の長男相続を宣言した太政官布告も、実はやむを得ぬ事情がある場合は女性が相続することを認めていました。その際、家督を継いだ女性が結婚し婿をとった場合には、家督は夫に譲ることになっていたので、あくまで中継ぎであり、最終的には男性が権力を持つように定められていました（しかし現実には女性が戸主である家はかなり多く、一八九一（明治二四）年一二月に行なわれた仙台市の戸口調査によれば、士族の家の四％、平民の家では一二％が女戸主でした）。

それでもそのように例外を認めることは、実は「戸主権力」の原則に大きな変質をもたらすものでした。もし女性が「戸主」として権力を持つことができるならば、「戸主」の権力は、男性であることを根拠にするのではなく、「戸主」という「地位」にもとづく権力になってしまうからです。

西洋の結婚関係のような夫の持つ権力は、夫が「男性である」という「生物的属性」を根拠として認められるもの（ペイトマンのいう「近代的家父長制」）ですし、男系・父系を重視することによる権力は、男性が父として子どもにつなげるという「生物的属性」を重視する権力（ペイトマンのいう「古典的家父長制」）です。しかし女性も「戸主」として権力を持てるのであれば、それは「生物的属性」に関わりのない権力であって、「戸主」という「地位」にいる人物が持つ権力（ペイトマンのいう「伝統的家父長制」の変形）だということになってしまうのです。つまり「男性」だから「戸主権」を持つのではなく、男性でも女性でも「戸主」になったから「戸主権」を持つということになるのです。明治民法の中には、そのような考え方も含まれていたのです。

このように民法を制定するに際しては、夫としての権力、男系・父系を尊重するために男性が持つ「戸主権」、そして「女戸主」という例外というように、三つの異なる原則が入り乱れていたといえましょう。「旧民法」は、これら三つの原則の条文上の衝突を解決するために、太政官布告のやり方を踏襲していました。つまり、「夫」たる男性が「戸主権」を持つという原則にしながら、「女戸主」も認め、しかし彼女が結婚した場合には、必ずその夫が「戸主権」を行使するように変わると決めていたのです（「旧民法」第二五八条）。それゆえ、最終的には「女戸主」の夫である「男性」が「戸主」としての権力も行使するようになって、「夫」の権力と「戸主」の権力は「男性」の権力（つまり「近代的家父長制」）として統一され、その間に矛盾は存在しないようになっていました。この点では一貫していたといえましょう。

しかし明治民法は、男系・父系を重視する人々の批判を受けた結果、こうした原則の衝突の問題を解決しない形で制定されました。一体誰が権力を持つのか、夫婦と親子の関係のどちらを重視しているのか、はっきりしない条文がいくつも存在することになりました。

特に女性に関わるのは、「女戸主」である女性が結婚し、入り婿（民法の条文では「入夫」）をとった場合、「女戸主」の「戸主権」はどうなるかということです。明治民法は「戸主権」を規定しながら、同時に「夫」の権力を規定の中に紛れ込ませました。その代表が第八〇一条「夫は妻の財産を管理す」という条文です。これに関して重要なのが、第七三六条の「女戸主が入夫婚姻を為したるときは入夫は其家の戸主と為る。但当事者が婚姻の当時反対の意思を表示したるときは此限りに在らず」という条文です。

これは前段に、「女戸主」が結婚すると「戸主」としての権力は入り婿である男性に渡るということが書かれています。これだけでしたら「旧民法」と同様「夫」の権力と「戸主」の権力は常に男性たる夫が持つことになり、矛盾はないことになりますが、但し書きが付くことで状況はまったく変わります。女性は夫に「戸主権」を渡さず、「女戸主」としてそのまま「戸主権」を行使することも認められているのです。そうすると当然のことですが、妻である「女戸主」も夫により財産を管理されることになるのか、という疑問が出ます。つまり妻が持つ「戸主」という「地位」にもとづく権力と、「男性」という「生物的属性」にもとづく夫の権力と、どちらが上に来るのかという問題です。

実際明治民法の条文を検討する委員会で、これについての質問が出ました。その際、フランスやドイツで学んだ後、民法起草委員を務め、民法導入を推進した梅謙次郎は、「女性も『戸主』として『戸主権』を使えるけれど、あくまで夫に従わなければならないという原則は守るべきであり、また、一家の大将は夫だから夫は妻の財産管理権を持つべきだ」と答えたのでした。これを見ることで、起草者の意識としては、明治民法も、男性が「夫」として権力を持つというフランス型の「家父長制」をめざしていたことがわかります。

しかし、「夫」としてであれ「戸主」としてであれ、男性が権力を行使するには明治民法は弱点が多すぎました。まず家父長制権力の内容が貧弱すぎました。戸主権力の内容は、家族の居住場所の指定権、婚姻の承諾権、離籍の言い渡しなど、学者によって「軽微なる権利」と評される内容で、とても支配権とよべるようなものではありませんでした。夫の権力も同様です。その内容は、フランスやドイツの夫婦関係に関する規定に比べて、最小限のものしか書かれていないと評されています。

致命的なのは、民法の条文として女性の従属を定めていない点でしょう。これは妻の従属をうたっている「ナポレオン法典」と大きく異なる点でした。実は民法制定の過程で最初に作られた「第一草案」には、「夫は婦を保護し婦は夫に聴順すべし」という規定がありましたが、これは「旧民法」から消えています。「第一草案」はフランス民法の影響を強く受けていたといわれていますからこの規定があったのかもしれませんが、日本の状況に合わないと考えられ削除されたのかもしれません。

フランス民法では、妻が夫に従属するがゆえに妻は法律行為が行なえないという「妻の無能力」の規定が出てくるのですが、明治民法では「妻の無能力」は、「第一編　総則」の「人」の「能力」を規定した部分に、子どもや心神喪失者と並んで規定されています(第一四条)。ここでも夫への従属の規定がないのに、なぜ女性一般ではなく「妻」だけが「無能力者」とされるのか説明がつかない条文の構成になっているのです。

国民の反応

このように、「家」の中に男性の「家父長制」を規定しようとする立法者たちの意図に反して、明治民法の条文は穴だらけだったといえますが、一番の問題は、あまりにも現実を反映していなかったため、人々がその法を守らなかったという点にありました。これまで何百年もかけて作られてきた「家」を運営するやり方は人々の生活の基本であり、合理的で強固なものでした。人々は、政権の意向とは関わりなく、「家」を継続させる努力をしてきたのです。

それゆえ国家が民法により「家」のあり方を規制することについては政府内部にも反対があり、一八八二（明治一五）年の戸籍規則案の審議中には、婚姻・縁組の届出強制は法律上意味がないという議論も行なわれていました。また、「旧民法」の施行に反対する「民法典論争」の背景には、西洋的な法典編纂（へんさん）自体に対する拒否感があったともいわれています。

こうして人々は、民法ができた後も、相変わらずの方法で結婚したり離婚したりしました。結婚に関して、民法に定められた通りの届出がなされない状態はかなり後まで続きました。大正期においても法律上の届出をしない内縁婚の比率は平均一六％に及び、昭和に入っても法的届出をしない傾向が続いたので、一九二七（昭和二）年の「民法改正要綱」

では、婚姻に関して「慣習上の儀式を挙げたことを証明すれば夫婦として認められる」という改正案が提出されています。一九三五（昭和一〇）年になっても、民法学者が、「法律上届け出をしなければ正式の夫婦ではないということにすれば、儀式をしてすぐ届け出ることになるだろうという希望は、（民法施行から）三十数年後の今日においても達せられず、慣習の威力が大きいことを示している」と嘆いています。

離婚に関しても、明治期になっても人々は従来の離縁手続きにより頻繁に離婚しました。高木氏の『三くだり半』には、一九一七（大正六）年の「三行半」が示されています。そもそも明治民法の離婚規定における離婚条件のゆるさは、世界に類を見ないといわれるほどで、簡単に離婚することを許していたのですが、人々は国家の定めた民法などお構いなく、それまでの慣習によって離婚したのです。

また家父長権に関しても、明治民法における条文の弱さとあいまって慣習を重視する人々の対応によって、制定者が意図した「家父長制」は実効的なものになりませんでした。それゆえ第二次大戦後の民法改正まで、何度も法と現実の隔たりが問題とされ、「戸主」または家長の法律上の権限を強めようとする検討がなされることになったのです。

このように人々は民法のことなど気にしないで、生活の基盤たる「家」を夫婦が協同して運営することを続けました。

明治民法による影響

人々が現実の「家」のあり方を重視し、日々の「家」の運営では民法の規定を気にしなかったとしても、民法を制定することは、人々の生活に国家が法という網をかけ、それに従って政策を遂行することでしたから、その影響は徐々に浸透していくことになりました。女性に関しては、夫婦を一体と考える西洋的な考え方が導入されたことが、大きな影響を与えました。明治民法によってそれまでの「家」のやり方から変わったのは、以下のような点です。

明治民法により、妻は婚姻によって夫の家に入り（第七八八条）、その家の氏を称する（第七四六条）ことになりました。明治政府は一八七六（明治九）年に太政官指令を出し、妻は嫁入り後も生家の氏を名乗ることとしていましたが、民法により「夫婦同姓」となったのです。これは夫の「家」の支配に服するようになったとも見えますが、民法学者は、夫婦の一体化という西洋の考え方にもとづき明治民法に導入されたと解説しています。さらに明治民法では、男性の一体化の相手であるという意味で、「配偶者」という語が使われました。一見祖先祭祀と関連するように見える神前結婚という形式も、実は一九〇〇（明治三三）年の皇太子の結婚を契機に、キリスト教の結婚式を模して考案されたものといわれています。

また〈父権的家父長制〉の考え方から「家」の墓の継承が家督相続の一部とされたので、基本的に墓は男系によって継承されるようになりました。江戸時代には、妻が実家の墓を引き継ぎ、自分もそこに埋葬されて、夫婦が別々の墓に眠るということがかなり見られたのですが、明治民法以後は、妻も夫の「家」の墓に入るようになっていったと思われます。個人名が書かれていた墓石が、「〇〇家之墓」と書かれるように変わるのは、一九世紀末からだといわれます。こうして女性は男性に従うという形が、国家によって推し進められようとしました。

女性の地位を測る指標である財産権も、明治民法の条文上は、西洋法のごとく夫が管理すると規定されたので、もしこれが実行されれば、女性の財産権に関しては、江戸時代より後退することになったといえるでしょう。しかし、実際に人々がこの条文に従ったかは疑問だと思われます。なぜなら、民法の編纂の参考にするため明治になった後各地で行なわれている慣習を集めた『全国民事慣例類集』でも、女性の財産に関して江戸時代と同様の対処が行なわれていることが示されており、民法制定によってそれが変わるとは思えないからです。

しかし離婚に関しては、明治民法でも依然として男女共にかなり自由にできる規定でした。そもそも明治政府は、一八七三（明治六）年に妻の離婚請求権を認めていましたし、「旧民法」においても夫婦共に離婚を請求することができるとされていました。明治民法でも、夫婦双方からの離婚の請求が認められています。ただし、離婚原因の姦通に関する規定には夫婦で差がありますが、ともかく女性が離婚の権利を持っていたことが、西洋の女性と比べて重要だと考えられるのです。

以上のように、「家」における男女関係に関しては、明治民法において西洋的な一体的な夫婦観にもとづく規定が導入されたことが、それぞれが独立しながら協同していた日本の夫婦関係に影響を与えたといえるでしょう。

「男性」たる「戸主」

しかしこれ以後の歴史的流れを見ると、社会全体の大きな構造として女性差別が作り出されていくことと関係しているのは、西洋の法概念が導入されて家族関係が法により規定されるようになったこと、そして、その中で「男性」たる「戸主」の権利が法によって認められたことだと思われます。

まず、西洋法を受容することとは、西洋の法概念の基本である「権利」概念を受容することでした。従来の「家」では、それぞれの「職分」に伴う権限が、「家」の中で相互に承認されていました。そして「当主」とは、そのような「家」を代表する役職だったのです。しかし「当主」の権力は法的な保証を持っていませんでしたし、家産は個人的な所有には属さない「家」のものだと考えられ、当主はそれを預かるだけだという考え方がありました。

それに対し家産に対する「戸主」の所有権を法的に確定しようとしたのが、民法の「戸主権」だったと考えられます。民法により西洋的な「権利」概念を導入することで、法により家産は「戸主」個人の所有であると明確に規定されることになったのです。このことは、「戸主」個人の立場を強めました。そして家産の所有権を始めとした「戸主権」により、それまでそれぞれの「職分」にもとづく権限の関係として構成されていた「家」は、法にもとづく権力関係へと変わることになりました。国家が法により「戸主」の権力を保証し、納税の義務などを通じて「家」を代表する者として国家とつながるようにしたのです。

こうして西洋的な〈夫権的家父長制〉の考え方が父権的な「家父長制」の考え方と結び付き、「家」の中の関係が変化していきます。従来「戸主」は主として男性であっても、その「地位」にあることで「家」を代表すると考えられていたのが、「男性」という「生物的属性」を根拠とする権力という考え方に変化していくのです。

これをよく示しているのが、国民にとって非常に重要な選挙権の資格要件をめぐる議論です。国会開設にあたってどのような資格によって選挙権を与えられるかは、民法制定が問題となっていた頃の重要な争点でした。ここでも「戸主」という「地位」にある者をその対象とすべきなのか、それとも「男性」である「戸主」が対象となるべきかという対立が見られました。板垣退助などは、男女とも「戸主」であれば選挙権を持つ「戸主選挙権」を主張しましたが、一八八九（明治二二）年に定められた衆議院議員の選挙権は、二五歳以上の「男子」で国税を一五円以上納める者に与えられました。「戸主」が「家」を代表して納税することになっていましたから、これは、「男性」と「戸主」というふたつの要件を合わせたものとも考えられます。しかし、「男性」という「生物的属性」の要件が入ることで、「女戸主」は除外されてしまったのです。

実際それ以前に、「女戸主」として投票の権利を主張した女性がいました。高知で「民権ばあさん」とよばれるようになる楠瀬喜多（くすのせきた）です。彼女は区会議員の選挙で「戸主」として選挙権を主張し、それが拒否されると納税を拒否しました。その上で内務省にまで訴えた結果、一八八〇（明治一三）年に区町村会の選挙で、初めて女性が投票できるようになるということがあったのです。しかしこれも、数年後に政府の法によって否定されてしまいました。

一九二五（大正一四）年に成立した普通選挙法は、満二五歳以上の男性に選挙権を与えるものでした。つまり、すべての男性が、「男性」という「生物的属性」により権利を獲得したのです。こうして「戸主」という「家」の職分の要件は除外され、「生物的属性」だけが選挙権を持つための要件となって、女性に対する差別がもたらされることになりました。つまり男性における平等化が、女性に対する差別を生んだということです。

この過程を見てみると、女性に対する社会的な差別をもたらしたのは、従来の「家」の原理である「地位」にもとづく権限という考えが駆逐され、西洋から来た「男性」が「生物的属性」により権力を持つという思想が導入されたことによるといえるでしょう。

今このふたつの考え方を比べてみた時、選挙権の資格が、楠瀬喜多や板垣の主張のように「戸主」としての「地位」にもとづくものとして男女に認められていたら、その後も男女が平等に選挙権を持つ可能性があったかもしれないと思ったりします。男女を問わず「戸主」という「地位」にもとづく権力を持つことができたのなら、それを拡大して「国民」という「地位」を持っていれば女性にも男性にも選挙権が与えられるべきだ、と主張することもできたかもしれません。

このように明治期に西洋的な夫婦概念や法概念が導入されることで、江戸時代以来の「職分」にもとづく「家」が変化し、夫婦関係において「生物的属性」が前面に押し出されてくることになりました。その後の社会的な変化によって社会全体の家父長制構造が作られていくのですが、その過程を見る前に、日本の「家」における協同的な夫婦関係をもとに、生物としての男女の根源的な差異も含めて、男女の対等な関係を論じた福沢諭吉の議論を紹介することにしましょう。

第四章　夫婦関係から始まる理想社会の構想
――福沢諭吉の文明社会論

「万物の霊」としての人間

「天は人の上に人を造らず人の下に人を造らず」という言葉で有名な福沢諭吉は、明治期に日本を近代化するために尽力した人物です。彼はその著作の中で、人間の自由や平等、個人の独立などを論じ、儒教を厳しく批判しました。また、女性の権利や男女の平等を論じたことでも有名です。そのことから、彼は西洋から学んだ自由主義思想にもとづいて社会を構想したと解釈されることが一般的です。

しかし福沢の思想を詳しく検討してみると、彼の社会構想は、儒学（ここではイデオロギーの意味ではなく学問体系として考えるので、「儒教」ではなく「儒学」という言葉を使います）の枠組みにもとづいていることがわかります。武士だった福沢は、子ども時代に儒学をかなり熱心に勉強し、学者の前座を務められるくらいにはなっていたと述べています。このような経験をもとに福沢は、若い時学んだ儒学の枠組みをもって西洋について学び、儒学の枠組みに照らしてそれを理解することになったのです。

特に重要なのが、社会を考える出発点となる人間について、儒学にある「万物の霊」という概念を使って考察していることです。人間を「万物の霊」として論じることは、福沢の生涯を通じて一貫しています。

「万物の霊」とは儒学の概念で、世界に存在するすべてのものの中で最も優れた存在という意味です。しかしこれは人間が本来あるべき姿（完成態）を表現した語であって、人間が人間として生まれただけで「万物の霊」になれるわけではありません。人間は、そうなるための素質として「本心」というものを持って生まれると福沢はいいます。この「本心」を充分に展開して「万物の霊」になるためには、努力が必要なのです。こうして福沢は、人間は「万物の霊」になるために自分の「智」と「徳」を研く努力をする必要があると主張します。そのために彼は「学ぶ」ことを重視しました。

「智」とは、「物事を考え、理解すること」、つまり理性の働きだといえるでしょう。また「徳」とは、「心の行儀、心を高尚にすること」、つまり人間としての立派さを意味します。このふたつを発達させることで人間は独立し、最終的には自分で自分を律する（自律）ことのできる状態をめざすべきだと福沢は考えました。

福沢は、西洋近代の自由主義思想を学ぶ際に、儒学から学んだ、「万物の霊」としての人間が平等に与えられた「本心」を発達させるために努力するという考え方と、西洋の、平等な権利を持った人間が自分の才能を開花させるために努力するという過程を重ねて理解しました。このように、一見西洋の自由主義にならったと見える福沢の思想も、その根本にある「万物の霊」という人間像を考える時、儒学にもとづくことが理解できるのです。

そして「万物の霊」となるべき人間は、学ぶことにより自分が独立した後、そのような人間としてのあり方を、家族へ、さらには国家へと広げていくべきだと福沢は説きました。「一身独立して一家独立し、一家独立して一国独立し、一国独立して天下も独立すべし」（「中津留別の書」）です。このような社会構想も、生涯変わりませんでした。これも「修身・斉家・治国・平天下」という儒学の思想にならったと考えられます。

このように福沢は、生涯を通じて社会を考える時、基本となる人間像と全体構想を、儒学の思想からとっていたのです。このような「万物の霊」と「一身独立一家独立一国独立天下独立」という概念を基本として、彼の男女関係や家族に関する議論は論じられていきます。

注意すべきは、福沢が常に、女性も男性も「万物の霊」として「軽重の別」（どちらかが重要であるという区別）のない等しい人間として扱っていることです。彼は、「一人前の男は男、一人前の女は女にて、自由自在なる者」（『学問のすゝめ』）と述べています。そして、男女の異なるところは「生殖の機関のみ」であって、それについても軽重の差はないといい、心の働きは同様なので、男子のすることで女子にできないことはないのだと主張するのです（「日本婦人論後編」）。

この点においても、福沢の思想が、女性を差別していた西洋の自由主義とは異なることがわかるでしょう。このように男女をひとりの人間として平等に扱う点も、終生変わりませんでした。それでは福沢は、ひとりの男性とひとりの女性が作る夫婦関係をどのように考えていたのでしょうか。

「敬愛」にもとづく夫婦関係

福沢は、人間が「智」と「徳」を修めて「万物の霊」になった後、初めに築く人間関係が夫婦の関係であるとし、夫婦関係はすべての社会関係の基本であると考えました。そして、それについて詳しく論じました。

彼は、女性も男性も「万物の霊」としては同等であると考えており、男女の違いは生殖機関だけであると述べましたが、その違いこそが、夫婦という関係を成立させるもとになるのだと論じます。男女は肉体的形態の違いにより、電極のプラスとマイナスのように惹きつけあうというのです。このように福沢は、男女関係の始まりは、肉体的な性の違いによる動物的な欲望にもとづくとして、これを「肉交（肉体的な交際）」とよびました。しかしそのような関係は、単に肉体的な欲望だけではなく、相手に対する「愛情」が伴うのであり、それは動物も同じなのだとも論じています。

しかし「万物の霊」としての人間であれば、こうした動物的な関係の上に「万物の霊」

らしい関係を築けるはずです。それが、相手に対する「敬意」という徳を持つことによる関係だと福沢は論じました。「敬意」とは、夫婦が互いに相手を一人前の人間として尊重し、同等のものとして大切にすることです。こうして福沢は、「万物の霊」としての夫婦関係は、愛情と「敬意」、すなわち「敬愛」にもとづくべきだと論じたのです。

このように相手を尊重する関係を築いたとしても、もともと夫婦とは別々の個人の作る関係であり、相互に完全に同じ行動がとれるわけではありません。福沢は、そうした場合にも相手の自由を尊重することが大事だと考えます。そして、相手に対する寛容の必要性を主張するためには、わざわざ新しく入ってきた西洋の説を使わなくても、儒者の教えの中に使える概念があるとして、「恕(じょ)」という考え方を提示します。「恕」とは、他人の心を自分の心のように思いやり、自分がしてほしくないことはほかの人も嫌だろうと推し量って、行動を自制するという意味です。

こうして福沢の議論においては、女性も男性同様ひとりの「万物の霊」として、行動の自由が保証されました。そして「万物の霊」としての夫婦の関係は、次第に「肉交」中心のものから知的な感情による交際である「情交」へと変化していくのです。

福沢は、世界の始まりを見ると始めはひとりの人間がいただけなのが、その後男女が生まれ夫婦関係が作られるようになって、初めて道徳が必要になったと述べています。つまり夫婦に始まる徳にもとづく人間関係こそが、すべての人間関係における根本だと考えられたのです。次に、そこから生じる親子関係についての議論を見てみましょう。

「情愛」にもとづく親子関係

福沢は、なぜ夫婦という制度が必要なのかに関して、性愛をきっかけとして成立した男女関係の結果必然的に生じる次世代の人間を、「万物の霊」にふさわしく育てる必要があるからだと論じました。

そもそも男女の結び付きの始めは動物としての性愛によると考えた福沢は、その結果生じる親子関係においても、親が子どもを愛する原初的な愛の形は、動物的なものであると考えました。つまり動物のように、自分が産んだ子どもだから愛情を持ち、ただただ可愛(かわい)がるという形です。しかし「万物の霊」としての人間であれば、その関係は動物とは異なるべきで、親は子どもを保護し、一人前の人間になるよう教育することがその仕事だとされたのです。

このように子どもを教育するのは、親子の「智愚強弱（知的能力や肉体的強さ）」が違っているからであり、その場合には、親が指示や命令をするのも当然であるとされました。しかしこの場合でも、「万物の霊」としての親たちは、人間の「本心」から生じた「情愛」によって子どものために行動すると考えられたのです。

「情愛」とは、「万物の霊」である人間が、「老幼少弱（老人や幼児、弱者）」を助けようとする「利他」の心であり、人間同士が「大小強弱不等の関係」、すなわち一方にハンディのある時にそれを補い、関係を作ろうとする思いやりの気持ちを意味しています。つまり福沢は、親子の間では、動物のように可愛がる愛情と、子どもに対して優位に立つ親が子どもを補助し導いていくための思いやりを合わせた「情愛」によって関係が作られるべきだと考えたのでした。

「文明の太平」と「フリーラヴ」

福沢は、西洋の思想を学ぶ中で「文明史」という考え方に出会い、一八七五（明治八）

年に彼の社会構想を示した『文明論之概略』を執筆します。その中で人間社会が野蛮から半開を経て、文明の極にまで発達するという歴史観を示しました。これ以後の彼の議論は、この文明史の枠組みにもとづくことになります。そして、人間が「智」と「徳」を発達させながら文明化していく過程を、人間が望ましい人間関係を広げていく過程と重ね合わせました。つまり、家族において成立した「敬愛」と「情愛」にもとづく望ましい人間関係は、文明の進展に従って、家族から国家へ、そして全世界へと広がると考えられたのです。そして、すべての人が「智」と「徳」を完全に発達させた「万物の霊」となった文明の究極状態を想定しました。それが「文明の太平」です。

「文明の太平」も、実は儒学の理想社会である「大同の世」に類似した状態として書かれています。そこでは、すべての人が「七十歳の孔子にニュートンの智識を兼ね」たような完璧な状態で（『福翁百話』四「前途の望み」）、完全な自律を果たしています。人間は完全な徳を持っていますから、強いて考えることなく完璧な行動がとれるようになります。それゆえそこでは人間同士の紛争はなくなり、政府や法はなくてもうまくいくのだと福沢は論じました。

こうした完璧な状態における人間関係は、まず家族において成立したふたつの類型が世界大に拡大したものとして説明されました。つまり、「万物の霊」として対等な人間同士の関係は、夫婦関係のように「敬愛」にもとづく関係となり、「万物の霊」として非対等な人間との関係、つまり何らかのハンディを抱える人との関係は、親子のように「情愛」にもとづく関係になるのだと考えられたのです。

さらに福沢は、このような「文明の太平」においては、女性も男性も自分の完全な意志にもとづいて心からの「純粋な愛情」によって関係を結び、愛情がなくなれば自由に別れるという関係を成立させることができるだろうとして、「自由愛情論（フリーラヴ）」（『福翁百話』二十「一夫一婦偕老同穴（かいろうどうけつ）」）を紹介しています。しかし、こうした説を述べながらも福沢は、人間の文明はまだそこまでいっていないので、「万物の霊」としての「敬愛」と「情愛」にもとづく望ましい人間関係は、とりあえず家族にまで広がるのみだと主張したのです。

その上で、家族外の関係については、西洋のように契約や法にもとづくようにするべきだろうと論じました。契約や法は、人間の外側にある規範によって人間を拘束するものであり、福沢の考える望ましい人間関係としての、人間の「本心」から出た徳によるものではありませんが、江戸時代の情実と抑圧の関係よりはましであると判断したからです。

福沢の家族論の意味

福沢の男女に関わる議論を評価するにあたっては、西洋の議論を頭の中に思い浮かべておくと理解しやすいと思います。その上で福沢の議論を見た時、最も重要な点は、やはり女性を男性同様「万物の霊」として対等に扱っている点でしょう。「万物の霊」であるかどうかは「智」と「徳」の発達により測られますから、男女の性における違いは評価に関わってこないのです。しかし福沢は、男女の性における違いを無視したわけではありません。「生殖機関の違い」、つまり肉体的形態の違いを認めた上で、それがひとりずつの「万物の霊」としての人間の活動には影響しないと論じたのです。

さらに注目すべきは、この「生殖機関の違い」を夫婦関係成立の基本として評価したことです。こうした違いがあることによってこそ、男女は互いに惹きつけられ、すべての社会関係の基礎となる夫婦という関係を結ぶというのです。福沢は、これを動物的な行為であると認めながら、男女の肉体的形態の違いをプラスに評価したのでした。

彼の主張のこうした点が、西洋の思想との決定的な違いだといえるでしょう。西洋では、男女の肉体的形態の違いから女性に対する差別が肯定されてきました。また、性的な欲望は否定されて、常に人間は動物とは異なる理性により行動することが主張され、女性は理性を持たない存在として抑圧されてきたのです。

また、もうひとつ重要な点として、弱者に関する議論が挙げられます。福沢は、女性を男性と対等に扱っただけでなく、社会を構想するに際して、「老幼少弱」、つまり老人や子ども、そして弱者についても考察しました。家族において「万物の霊」として対等な男女の関係だけではなく、親と比較した時、人間としてハンディを持つ存在としての子どもについても考察し、対等な人間同士とは異なる「情愛」にもとづく対応が必要であることを主張した上で、それを社会的に拡大することを考えたのです。つまり西洋の自由主義思想においては「私的領域」である家族に取り残され、女性にその対応が任されていた子どもや老人その他ハンディを持つ人たちについても考察の対象とし、社会的な対応を論じたのでした。

家族における個人

このように福沢の家族に関する議論を見てみると、家族という枠を重視していることがうかがえるでしょう。そして、その中で成立する人間関係についても西洋とは異なる軸によって論じたことがわかります。これにより彼の家族に関する議論は、日本の家族を基礎としているようにも見えます。しかし実は家族関係の作り方は、日本の「家」における関係とはまったく異なる形で論じられているのです。

日本の「家」では、そこに属する人々はそれぞれの役割を持っており、それにもとづく「職分」の組み合わせで「家」は構成されていました。「家」の全体は、いわばジグソーパズルのようなもので、それぞれの人は、そのワン・ピースのようなものでした。それぞれが独立した役割を持っていても、それだけでは役に立たず、全体の中にはまることで初めてその役割が意味を持つことになったのです。つまり個々人は、全体の一部として存在していたといえましょう。

福沢は、「家」のジグソーパズルの拡大版のような江戸時代の身分社会によって自分の行動が押さえつけられ、それを儒教イデオロギーが強制しようとすることを憎んでいました。そしてそれを根底から変えることをめざして、家族を出発点として論じたのです。日本の「家」は、実は当主の権力が保証されておらず、それほど抑圧的ではなかったし、そこでは相互の協同と愛情関係が成り立っていただろうということは説明した通りです。それゆえ福沢は、そのような日本の家族関係の実態の上に、西洋のように個人が自分の人生を決められるような社会を作ろうとしたのだと思われます。

こうして福沢は、家族を重視しながら、従来の「家」のあり方とはまったく異なる形で家族関係を論じました。それぞれの個人が「万物の霊」として独立し、そこから自分の決定により人間関係を構築していくという形です。そしてその関係をつなぐものは、愛情と「徳」でした。こうして家族に注目して論じることで、個々人が自律しつつ、「家」の持っていた機能として、社会を将来の世代につなげていくことを考えたのだと思われます。しかしその後の日本では、大きな社会変動の中で次第に社会構造としての女性差別が成立していくことになります。

第五章　現代の日本につながる問題

「公的領域」からの女性の排除

福沢諭吉は、儒教イデオロギーを批判し、『女大学』を批判した「女大学評論」や新しい家族のあり方を示した「新女大学」を最晩年に書きました（これについては後に、山川菊栄や宮本百合子が評価しています）が、それは明治政府の政策が、明治一〇年代後半から、福沢が「儒教主義」とよぶような内容に変わってきたからだと思われます。この頃には明治初期の混乱状態が収まり、国家体制を整備する段階に入りましたが、その中で政府は、明確に女性を「公的領域」、特に公権力の領域から排除するようになっていきます。

一八七九（明治一二）年の教育令によって、小学校以外は男女別学と定められたのを始めとして、一八八四(明治一七)年には区町村会法が改正され、一時期地域によって認められたことのある「女戸主」の選挙権が否定されました。すでに述べたように一八八九(明治二二)年の衆議院議員選挙法も男子のみに認められましたし、その翌年の集会及び政社法によって、女性の政党加入や演説会への参加が禁止されました。一八九三(明治二六)年には、旧弁護士法により弁護士になるのも男子に限定されてしまったのです。

他方で政府は、女性に対する「良妻賢母」教育を推し進めました。一八九三年に文部省は「女子教育に関する件」という訓令を出し、女子は家庭での役割を前提として教育が行なわれるべきだとしました。しかし、こうした政策の基本となる「教育勅語」の中でも、男女関係の道徳に関しては「夫婦相和し」と書かれていましたし、女性が「良妻賢母」になるということは、家庭における重要な役割を担うことですから、ここでも男女の関係は家父長制的ではなく、それぞれの役割を担うという形で考えられていたと思われます。

重要なのは、国家が男性を納税や選挙という重要な義務・権利に関わらせることで国家行政の一端を担うようにし、男性を重視する政策をとったことでしょう。それにより、「職分」の違いにもとづく「役割分業」だった夫婦の関係が、「性」の違いにもとづく「性別分業」へと変わっていくことになりました。こうした変化は、次に見る産業構造の変化によっても推し進められることになります。

産業構造の変化と「性別分業」の成立

独立した企業体だった「家」は、明治の後半から農民の離村や都市への人口流入によって大きく変化することになります。この流れは、特に明治二〇年代以降の資本主義の発展によって進み、日露戦争後の重化学工業化によって顕著となりました。人々は従来生活していた土地を離れ、都市に流入することで「月給取り」となっていきました。

これによって、人々の生活の基盤だった「家」は次のような変化をこうむりました。それまでの「家」は、メンバーの役割の統合体でしたが、そこから男性である「戸主」や使用人が「家」の外の組織で働くようになりました。これにより「家」は、人々の生活のための企業体ではなくなっていきます。

男性が外で働くようになることで、「家」には妻たる女性と子どもが残されることになりました。そして、それまで企業体の「家」運営のために家内の管理を行なうという役割を担っていた女性は、「家」における主たる役割を縮小され、日常の家事と子どもの世話を担当するようになっていきます。

こうした変化は、「家」という組織のあり方に根本的な変化をもたらしました。そもそも「家」は、夫婦とその子どもが核となる企業体でした。それゆえその根底には、血縁という生物的つながりと愛情があります。その上で各メンバーが役割という衣を着ることで、「家」は運営されていたのです。社会の流動化により「家」から男性の役割が流出し、女性の役割の衣がはがされることで、その根底にあった生物的つながりと愛情が、家族関係の構成原理として現れてくることになりました。

つまり「家」は役割の統合にもとづく企業体であることをやめ、生物的つながりと愛情をその組織原理とする「家族」へと変容していくのです。その中で、女性と生物的につながる子どもが「家」に残されることによって、そこに存在する愛情関係が前面に押し出されることになりました。

他方で、「家」の外に形成された職場には「家」のメンバーのうち主として男性が移行し、これまでの企業体としての「家」の運営方法が移植されることになりました。つまり、職分にもとづく役割分担の統合体という構造です。こうして「家」的構造を持つ「経営家族主義」にもとづく「日本型」企業が成立することになったのです。

「愛」にもとづく家族

以上のように、役割の統合体としての「家」が生物的つながりと愛情にもとづく家族へと変化していくこととあいまって、性的一体化とそれを補完する「愛」を構成原理とする西洋の夫婦観が輸入され、家族についての新しいイメージを人々に与えることになりました。そしてキリスト者を中心として、夫婦が作る愛情あふれる「スウィート・ホーム」が家族の理想像として提示されるようになったのです。その中心にいるべきなのは、「主婦」としての女性です。

こうした家族像が日本の家族概念と異なるものだったことは、これらを説明する言葉が発明されなければならなかったことに端的に現れています。「配偶者」という言葉同様、「恋愛」や「家庭」という語が、明治期に初めて使われるようになりました。

日本の「家」の状況が変化し、役割の体系ではなく生物的つながりと愛情にもとづく家族へと変化しつつあったこの時期に、家族がこのような言葉により表現されることによって、一見すると西洋の「近代家族」の概念を当てはめて説明できる家族の形が誕生したようにも見えます。しかし、そもそも家族を成立させる基盤となる夫婦関係は、性的一体化を目的とする西洋と、役割による協同をめざす日本とでは、根本的に異なっていたのです。

〈大きな「家」〉における「性別分業」

さらに、産業構造の変化によって男性が家族外で経済活動を行ない、国家の政治的権利を行使できるようになったことは、西洋近代に成立した「公的領域」と「私的領域」の分離の構造が成立したようにも見えますし、「私的領域」としての家族に女性が配置されるという点からも、西洋のような「近代家族」が成立したようにも思えます。

しかし、そもそも「家」において夫婦のそれぞれが役割を分担し、協同して「家」を運営するという考え方からいえば、「公的領域」への男性の配置と「私的領域」への女性の配置は、それまでの「家」において家業を取り仕切る男性の役割と、家政を管理する女性の役割という分業とあまり変わらないものでした。ただ「家」の範囲が拡大して、職場としての企業と家族を含んだ形の〈大きな「家」〉という構造に変化しただけだといえるのです。夫は「家」におけると同様、企業において家族のために稼ぐという役割を担い、妻がその管理という役割を担ったのです。

明治期に西洋からの影響を受けた著作においても、昔の「家」におけると同様、日本の「主婦」の役割は、主人と対等なものとして認識されていました。おそらく日本語の「主婦」は、もともとは「主たる女性」という意味において、主たる男性を意味する「主人」と対になる言葉で、西洋の「housewife」とは異なる含意を持っていたのです。所有権概念の明確な西洋においては、男性の稼ぎは男性個人の所有となり、男性がどのように使用するかを決定しました。フランスやイングランドでは、女性は自分の財産さえ自由に使用できなかったことは説明した通りです。それに対して日本の主婦は、家計の運営を担っていました。この点が西洋と日本の「家」との最も大きな違いです。

日本では「家」が変化して男性の活動が家族外で行なわれるようになり、生物的つながりと愛情を構成原理とする家族になっても、夫婦は職場である企業と家庭において、それぞれの役割を果たしながら協同して家族生活を担ったのです。また企業は、「家」同様メンバーを丸ごと抱え込む構造を持っていたので、大正期になると家族手当が支払われるようになり、昭和初期からは、死亡した社員のために企業が企業墓を作ることまで行なわれるようになったといいます。

このような社会構造は、企業と家庭における役割分業を当然のこととしつつ、家族の中では夫婦の対等性を保障しました。しかし社会的領域が男性の担当となることで、社会全体としては、男性の社会的役割が重要だと考えられるようになり、男女の対等性が崩れていくのです。

支配イデオロギーとしての「家」

このように、独立した企業体だった「家」が国家にからめとられるとともに家族における愛情関係が前面に出てくるようになることで、天皇制国家の支配をそうした家族のあり方と結び付けて正統化しようとするイデオロギーが登場しました。それが「家族国家論」です。その代表的論者だった井上哲次郎は、一九一二（大正一）年に書いた『国民道徳概論』において、次のように「家」と国家を関連させて論じました。

井上は、「家」と国家を相似形の集団だと主張します。そして、国家における天皇の支配を「家」との類似性によって正統化するのです。「家」においては家長が支配し、血統によるつながりが重視されている。そして皆が祖先を崇拝している。こうした特徴は、「家」が集まった「総合家族」としての国家においても同様だと、井上はいいます。国家においては天皇が家長であり、「万世一系」の血統的つながりがある。そして、天皇の先祖が日本を作ったのだから、すべての国民の祖先として崇拝されるのである。このような論理で「家」と国家の類似性を説明した上で、井上は、親を愛し心から忠誠を尽くすように、天皇を愛し心からの忠誠を尽くすよう要求しました。彼はこれを「情義的関係」とよびましたが、本来人間の内側から発出する愛情を、国家が外側から強制する抑圧的な議論だったといえるでしょう。

この支配イデオロギーは、「家」におけるふたつのことを前提としていました。まず、「家」において家長が支配するという「家父長制」が成立していること。次に、人々が先祖との血統によるつながりを大切にしていることです。しかしこの前提は、「家」の実態と異なるものでした。

「家」は企業体としての運営と継続が最も大事でしたから、役割の統合体であって「戸主」が絶対的な権力を持つ家父長制構造ではありませんでした。そして、継続のためには実力が重視され、血統はそれほど重要視されなかったのです。もし実子に能力がなければ、有能な人物を養子にして家を継続させました。また柳田国男によれば、日本人の先祖の認識は三代前くらいでぼやけてしまい、それより前は「御先祖さま」として一まとまりにされてしまうといいます(「先祖の話」)。

実際、日本の家族と国家の類似性を分析するならば、当時天皇支配に関する解釈として通説だった「天皇機関説」の方が実態に即していたといえましょう。「天皇機関説」とは、統治権は法人たる国家にあり、天皇はその機関として統治権を行使するという学説です。つまり、「家」の全体がジグソーパズルのようで、それぞれの人間はそのワン・ピースとして役割を遂行すると説明しましたが、この学説では、天皇もジグソーパズルのような国家におけるワン・ピースとして、権力を行使する役割を持っているとされたのです。逆に「天皇機関説」によって「家」を考察すると、「戸主」の立場は国家における天皇の立場に似ているといえます。それゆえ明治立憲制について多くの著作のある坂野潤治氏は、「家」

に関する私の説明を「おやじ機関説」と名づけられました。言い得て妙だと思います。

しかしこのような実態を無視したイデオロギーにより、歴史的には天皇が主権を持つとする「天皇主権説」が主流となっていきます。これにひきずられることで、「家」は次第に上からの抑圧を受け、内部においても抑圧的な集団となっていったのだと思われます。

大正期のフェミニズム

以上のような政府の政策と社会変動によって女性が公権力から排除され家庭での役割を強調されることに対し、二〇世紀に入った頃（明治三〇年代）から、女性によるさまざまな運動が始まりました。ここではその中から、女性のあり方について考え、相互に論争した与謝野晶子、平塚らいてう、山川菊栄を中心に、彼女たちが女性の問題をどのように考えていたのかを考察します。

彼女たちの主張の中心にあるのは、何よりも、女性としての自我を解放するということだったといえるでしょう。それを典型的に表しているのが、与謝野晶子が平塚らいてうの創刊した『青鞜』（明治四四年発刊）の創刊号に載せた「そぞろごと」の中の次の一節です。

「一人称にてのみ物書かばや。／われは女ぞ。／一人称にてのみ物書かばや。／われは。われは。」

これにより晶子は、女性として自分の感じたことを自分の思うように表現することを宣言したのです。

このように「自分」を重視しようとするのは、らいてうにも当てはまる立場です。彼女は、禅の修行をすることで、自分の内面にある意識だけに従って行動するようになりました。らいてうを始めとした「青鞜社」の女性たちは「新しい女」とよばれ、世間に衝撃を与えましたが、それは、自分の思ったことに従って行動し、社会的な規範に対する考慮をまったくしなかったからだと思われます。

ペイトマンの主要な著作のひとつに『女性たちの無秩序（*The Disorder of Women*）（邦題：秩序を乱す女たち？）』というタイトルのものがあります。これは、社会的秩序は男性によって作られているので、女性たちがそれに反し自分の考えに従って行動すると、それは無秩序とみなされてしまう。しかしそれは女性にとっての秩序なのだという意味を持っています。青鞜社に集った女性たちは、まさに男性の作った基準からいえば「無秩序」とみなされるような「女性たちの秩序」を実践したのだといえましょう。

さらにこうした自我の解放と関連して、恋愛の重視が挙げられます。晶子もらいてうも山川菊栄も恋愛によって結婚しましたし、恋愛を行動の重要な指針と考えました。らいてうは自分の同棲を、「いかなる結婚でも、そこに恋愛感情があれば、それは道徳的である」というエレン・ケイの考え方にもとづいて正当化しましたし、菊栄は、恋愛の自由を「婦人解放の最も基礎的な要素」であると主張しています。女性たちがこのように自我の解放を主張したのは、「家」にはめ込まれたワン・ピースとしての自分から抜け出すことを求めたからだといえましょう。

また彼女たちは、女性の肉体を持つ存在としての自分に真剣に向き合いました。晶子の歌集『みだれ髪』は、肉体を持つ女性の心情をうたいあげていますが、女性たちは自分の肉体と必然的に関わる母性の問題をも広く考察しました。そして一九一八（大正七）年には三人を中心に「母性保護論争」が交わされました。

女性も自立すべきだと考える晶子は、子どもを産むことも「自己」に含め、国家への依存を拒否したのに対し、らいてうは、女性の出産や育児は女性だけに課せられた社会的義務であり、また国家社会の運命に関わる仕事だから、国家は母に対する保護を行なうべきだと要求しました。菊栄はふたりの立場をそれぞれ「女権」の主張と「母権」の主張とまとめ、女性は労働する権利も母として生活する権利も認められるべきであり、両方とも実現されるのが望ましいと主張しました。

この論争が重要なのは、女性の抱える母性の問題に向き合っただけでなく、その中で、女性のいる「私的領域」と「公的領域」との関係についても考察している点です。男性の属する「公的領域」が重視されるようになることに対し、女性たちは自我の主張を行ないましたが、これは同時に、「私的領域」に踏みとどまって論じることを意味していました。その典型が、晶子の詩「君死にたまふことなかれ」です。この中には天皇批判とも取れる一節がありましたが、それに関する批判に対して晶子は、自分つまり「私」の「まことの心」を主張し、揺らぐことがありませんでした。またらいてうは、母に対する国家の保護を当然であるとし、菊栄は経済関係において女性の家事労働が評価されないことを批判し、その改変を主張しています。

母性の問題と関連して、菊栄は産児制限についても論じました。彼女は社会主義者でしたが、フェミニストとして、産児制限に反対していた社会主義者の石川三四郎と論争しました。そして、女性が自らの意志で母性を選び取る自己決定権を主張し、それを「自主的母性」とよんで、恋愛の自由と並び「婦人解放の最も重要な二大要素」と論じたのです。彼女はさらに広く「性」の問題についても考察し、同性愛に関する海外の著作も翻訳しています。

それだけでなく彼女たちは、女性に家庭での役割を強いるイデオロギーについても論じました。菊栄は一九一六（大正五）年の「廃娼論争」において、その背景にある「貞操観」をも問題として取り上げました。「貞操」とは、女子を拘束するための男性の希望であり、「男子による女子征服の象徴」である。女性が尊重され行動の自由が保障されていれば、社会における男女の関係が平等になり、娼婦になる女性は減少する。それゆえ「男女交際の自由」が必要だと論じたのです。また晶子は、一九二一（大正一〇）年に「『女らしさ』とは何か」を書いて、「女らしさ」という言葉で女性の行動を縛ろうとする議論に対して、重要なのは「人間らしさ」であると反論し、「何事も個人の自由意志」にもとづき活動できるように、女性にも自由を与えるべきだと主張しました。

こうしたさまざまな論争と並行して、女性の参政権運動が市川房枝らによって進められます。しかしその中では、当初の「天賦の権利」や「国民としての権利」という主張が、次第に家庭における女性の役割を前提とした「母子の福祉」や「台所と政治のつながり」という主張に変わっていくことになりました。このように家庭と国家を関連付けることによって、女性の運動は国家に取り込まれていき、次第に戦争に巻き込まれていくことになったのです。そして結局女性が参政権を獲得したのは、第二次世界大戦後でした。

以上のような女性たちの議論を見ると、一〇〇年前の女性たちが現代の私たちと同じような問題について考え、闘っていたことに驚かされます。それと同時に、一〇〇年もの間、問題が解決されずに続いてきたことに愕然（がくぜん）とするのです。

第六章　「性別分業」が作る家父長制構造

「性別分業」の浸透

第二次世界大戦後に法律上の「家制度」は消滅し、日本国憲法に「両性の平等」が定められました。しかしこれにより変化したのは、国家の政治的権利における平等の達成だけであり、企業と家族を合わせて〈大きな「家」〉を構成する男性と女性の「性別分業」の構造は維持されました。それどころか経済の進展に伴って、一九五〇年代から一九七〇年代までサラリーマンが増加していくことで、女性の専業主婦化が進みました。女性は結婚して主婦という役割に「永久就職」することが主流となったのです。

それに伴って、こうした「性別分業」にもとづく社会が円滑に機能するようなシステムが作られていきました。仕事を担当する男性には、家族分も含んだ「家族賃金（世帯賃金）」が支払われましたし、これと対になる主婦たる女性に対しては、配偶者手当や配偶者控除などのさまざまな優遇策がとられました。このような中で、女性の仕事はあくまでも補助的なものと考えられるようになります。それゆえ女性はパートや非正規の労働者として働き、賃金は低く抑えられて、男女の賃金格差が当たり前となったのです。

こうした体制は、高度成長を支えるために非常に効率的で、とてもうまく機能したように思われます。それが可能だったのは、日本の主婦が、欧米の主婦に比べて居心地のいい立場にいたからでしょう。最も重要な点は、主婦が家族における「財布の紐（ひも）」を握っていたことです。日本の家族では、夫の稼ぎは彼個人の所有とはならず、家計に計上されました。それを使って主婦は家計のやりくりをしたのです。つまり「夫は稼ぐ人、妻は使う人」ということです。日本の「家」の役割分担からいえば、これは普通のことでしょう。政策の転換により銀行口座の名義人のチェックが厳しくなる前は、夫名義の通帳から妻が預金を引き出すことが普通に行なわれていました。今でもキャッシュカードで同じことができますが。

何度も述べるように所有権概念の厳しい西洋では、夫の稼ぎは夫個人の所有となります。私は一九七八年からイギリスに長期滞在したのですが、その頃イギリス人はスーパーでも小切手で支払うのが普通でした。小切手は本人のサインが必要ですから、夫にサインをしてもらわないと支払いができなかったのです。それを見て夫の口座から平気で現金を引き出していた私は、何と面倒なのだろうと思ったことを覚えています。

もうひとつ日本で主婦の地位が高い理由として、母の役割があります。日本では子どもがとても大事にされ、その世話をする母としての女性の役割が重要だと考えられています。しかしイギリスでは、夫婦が一体でそのつながりが強固な分、子どもは基本的には他人だと考えられています。日本では「兄弟は他人の始まり」といいますが、イギリスでは「子どもは他人の始まり」なのです。

私は長女をイギリスで産みましたが、両親学級では生まれた直後から子どもを別の部屋で寝かせるよう指導されました。また、一九九〇年から三人の子どもを連れてイギリスに滞在した時気がついたのは、イギリスの子どもは一五歳ぐらいになると、基本的には放っておかれる、つまり自分でやっていくことが求められるということです。これは子どもにとってかわいそうなことだと思われましたが、親の立場としては、「こんな風に放っておいても子どもは育つのだ！」と、肩の荷が軽くなるような気がしたものです。

このように日本では主婦の地位が高く、主婦がその役割に誇りさえ持っていることは、西洋との大きな違いだと思われます。一九六〇年代のアメリカでは、主婦の虚しさを書いたベティ・フリーダンの本（*The Feminine Mystique*　邦題『新しい女性の創造』）の出版がフェミニズム運動のきっかけになりましたが、日本では、フェミニズムの主張に対して、しばしば主婦も立派な仕事であるという主張がなされ、不況になると専業主婦願望を持つ女性が増えるのです。それはこうした主婦の立場の違いを反映しているのでしょう。

一九九〇年代からの変化

しかし、専業主婦がいる家族は一九八〇年代から減少に転じ、一九九〇年代後半からは共働きの家族がその数を上回ります。『令和元年版　男女共同参画白書』によれば、二〇一八年の調査では、共働き家庭が、専業主婦のいる家庭の二倍強の数となっています。また、性別分業について、男女とも反対の割合が賛成の割合を上回っています。そして二〇一六年の調査では、子どもができても仕事を続ける方がよいと考える人も、男女とも半数を超えています。

問題は、このように男女の分業を超えようとする現状があるにもかかわらず、依然として「性別分業」を前提とする社会の構造が続いていることです。二〇一九年のＯＥＣＤ（経済協力開発機構）の調査では、日本における男女の賃金格差はデータに示されている二九ヶ国中二番目に大きく、女性の賃金は男性の七五％弱に留まっています。このことが、独身女性、特にシングルマザーの貧困を生んでいるのです。

『令和元年版　男女共同参画白書』によれば、ほかの西洋諸国では女性の就業者の割合が四〇％後半で大体三五％前後の女性管理職がいるのに対し、日本では女性が就業者の四〇％以上になっているにもかかわらず、女性の管理職が約一五％しかいません。

また、男性中心の働き方を前提とした長時間労働が、夫婦間の家事労働時間の不均等を生んでいます。他国と比較した時、日本の男性が家事や育児に費やす時間の短さと女性の長さは、顕著なものがあります。日本の男性の一日あたりの家事時間は約一時間半、女性は約七時間半なのに対し、西洋諸国では男性は三時間前後、女性は六時間前後です。

また二〇一六年の調査では、男女とも、子どもができても仕事を続ける方がよいと考えている人が半数を超えているのに、保育への公的支出が少なく保育施設が少ないため、子どもを産んだ場合保育園探しに奔走することになります。男性の育児休業の取得率の低さも顕著です。また、女性に対する母役割の強調もあって、第一子が生まれた後、働いていた女性の半数近くが仕事をやめています。

「性別分業」による家父長制構造

このような「性別分業」の構造をはっきりと示しているのが、世界経済フォーラムが出している「ジェンダー・ギャップ指数」です。これは、経済・政治・教育・保健という四つの分野のいくつかの指標において男女の平等を指数化し、全体としてどれだけ男女の平等化が進んでいるかを世界諸国の中で位置づけるものです。二〇二〇年のレポートによれば、日本の総合順位は一五三ヶ国中一二一位でした。前からの推移を見るために、最初の調査である二〇〇六年からいくつかの結果を表1に掲げます。カッコ内はどれだけ平等かを示す割合です。

表1　日本のジェンダー・ギャップ指数
（世界経済フォーラム 2020年のレポート）

	全体	経済	政治	教育	保健
2006年	79位（64%）	83位（55%）	83位（6.8%）	60位（99%）	1位（98%）
2015年	101位（67%）	106 位（61%）	104位（10%）	84位（99%）	42位（98%）
2018年	110位（66%）	117 位（60%）	125位（8.1%）	65位（99%）	41位（98%）
2020年	121位（65%）	115 位（60%）	144位（4.9%）	91位（98%）	40位（98%）

ここから、日本は人間にとって基本的に必要な教育や保健に関しては男女の平等がほぼ達成されているのに、「性別分業」により女性が担当してこなかった経済や政治の分野では、平等化が進んでいないことがわかります。特に政治の分野での不平等は、驚くべきものでしょう。これは、政治における平等化を測る指標として、国会議員における女性の数や内閣における大臣の数、そして政治のトップに女性がなったことがあるか、などが使われているからです。この調査が行なわれた時点で衆議院議員の中に女性が占める割合は一〇%程度であり、女性大臣はひとりでした。

ちなみに日本もメンバーであるＧ７（主要七ヶ国首脳会議）の参加国の政治分野における平等化順位

表2　G7参加国のジェンダー・ギャップ指数比較
（政治分野における順位）

独	仏	英	カナダ	イタリア	米
12位 （48%）	15位 （46%）	20位 （40%）	25位 （37%）	44位 （27%）	86位 （16%）

と指数は表2の通りです。フェミニズム運動をリードしたアメリカが意外に低いのですが、ともかくこのレポートにおいて日本より後ろにいるのは数ヶ国のイスラム教の国か開発途上国であり、日本はもう後がないほどの低い順位なのです。

もうひとつ衝撃的なのは、この調査が行なわれている間、平等化がまったく進んでいないどころか、後退した指標もあることです。特に経済と政治の分野では順位が下がっただけでなく、実質的に進展が見られないことがわかると思います。

さまざまな分野の女性管理職の少なさなども合わせて考えると、結局現在の日本では、経済や政治という重要な社会的事項を決定する場面に女性がおらず、男性が決定しているという状況のあることがわかります。私は本書で、日本の男女関係は協同的であって家父長制的ではないと論じてきました。しかし、それは家族に関わる領域の話であって、大きな社会的な領域においては、男性がさまざまなことについて決定することが行なわれています。

　本書で使用してきた「家父長制」という概念は、男性が権力を持ってさまざまなことについて決定し、それに女性が従うという体制を意味しました。この観点から見ると、今の日本は、政治や経済の重要事項を男性が決定し、女性がそれに従って生活する「家父長制」が成立しているといえるでしょう。つまり、女性が家族における協同的な「性別分業」に安住している間に、大きな社会構造としての「家父長制」が成立してしまったのです。このように男性が政治や経済における決定権を握っていることが、女性たちが現実に感じる困難を変えることを妨げているのです。

おわりに――何をめざすのか

「自分」として生きる社会

「性別分業」を超えて家父長制構造を変えるために、世界経済フォーラムのレポートは、日本について、まず女性の政治参加を推進することを挙げています。女性の数が増えれば決定される内容にも変化が起こるでしょうし、そこで活躍する女性をロールモデルとして若い女性もそうした役割に参入するでしょう。そのためには、議員候補者の一定割合を女性に割り当てるクオータ制などの強制的手段が必要だと思われます。また、企業の役職につく女性の割合を強制的に増やすなどのことも考えられます。女性が働きやすい企業経営や女性がリーダーシップを発揮できるような教育なども重要です。

しかしここで最後に論じたいのは、そのような改革によって何をめざすのかという点です。私は、フェミニズムがめざしたのは、一言でいえば女性が〈「自分」として生きられる社会〉だと考えます。つまり自分の存在をそのまま否定も制限もされずに生きられる社会です。

ここで重要なのは、このような「自分」には、女性としての肉体的形態も含まれることです。私が本書で基本的にペイトマンの研究に依拠したのは、最初に述べたように、彼女が女性と男性の肉体的形態の違いを議論の出発点としていたからです。そしてこのような動物としての肉体的形態の違いを認めた上で平等な関係を論じ、そこから生じる子どもの問題も検討の対象としたのが、ホッブズと福沢諭吉の議論でした。このように考える時、女性の問題は、女性・男性・子どもという三者の関係の中で考えなければいけないことがわかるでしょう。この三者にとって生きやすい社会とはどのようなものかを考える必要があるのです。

そうすると、そこから出てくるのは、これまで「性別分業」により分断されていた「私的領域」である家族と、「公的領域」にあった経済と政治、つまり市場の役割と政府の役割を統合してどのように関連させるかを考えることが必要だということになります。これは通常「福祉国家」の問題として論じられますが、その本質は、これまで「公的領域」に関わらない「家族」に属するとされた女性も子どもも含んで社会を組みなおすとどうなるかという問題なのです。それに関するいくつかの考え方を次に見ることにしましょう。

社会を考える三つのモデル

なぜ今から見ていく考え方が福祉国家論として論じられるかというと、基本的には女性が家族でやるべき仕事を政府や市場が補助するという視点で考えられているからです。ですからここで見る議論は、通常社会保障に関する三つのモデルとして示されていますが、実は女性の問題を解決するために、社会をどのように組み替えるかという観点から考えるべきことだと思われます。

ひとつめは、「世帯主モデル」といわれるものです。日本やドイツがこの考え方をとってきたとされていますが、このモデルは、男女の性別分業を前提としていて、女性が主婦として無償の家事労働を行なう形の社会です。そして、主婦への優遇策がとられていて、労働への女性の参加率が低いという特徴を持っています。

ふたつめは、「性別中立モデル」といわれ、アメリカがその典型とされます。これは、男女を平等に扱い、共に働くことを主眼に置いています。そして、政府や市場が家族に関して最小限の介入しか行なわず、基本的には個人が対処するという形です。何か問題が起きた場合には個人が自力で解決することが求められます。それゆえ、それぞれの家族の状況に応じた柔軟な対応が取れるという利点があります。しかしそうすると、結局は個々人の経済力に依存する対応になるので、経済力のある人は、市場からベビーシッターやお手伝いさんなどのサービスを買うという形で家族における問題を解決できますが、経済的に余裕のない家族は、夫婦が家族内で負担を背負うという形になるでしょう。

三つめは「性別公平モデル」です。スウェーデンやオランダがその代表です。これは男女が平等に働きながら、家族生活にも関わることをめざします。つまり「ワーク・ライフ・バランス」を考えた形の社会です。出産や育児という女性の社会的損失を社会が補うために、国家における福祉サービスを充実させたり、労働に関しても女性が継続して働けるように、例えばワーク・シェアリングなどの制度を市場が保障することが行なわれます。このシステムをとっている国は、ジェンダー・ギャップ指数において、上位を占めています。国家による保障を手厚くするために、それをまかなうための税金は高くなるでしょう。しかし、それによりすべての人が制度を利用できることになるのです。

こうしたモデルを基本として、さまざまな形が考えられると思います。すでに見たように、日本は世帯主モデルを使ってきましたが、現実には働く女性が増えてそのモデルは崩れ始めています。これからどのように変えていくにしても、日本は今まで家族において女性の果たしていた役割が大きくかつ重要だった分、変化にはかなりの努力が必要となるでしょう。しかし、育児だけでなく、これからは介護の問題が大きくなっていくと思われるので、家族の役割をどのように社会に開いていくかが重要な問題となるだろうと思われます。

本書では、女性を差別する「家父長制」構造がどのように成立してきたのかを、西洋と日本に分けて説明してきました。西洋では、男女間の「家父長制」は基本的にはキリスト教が形作りました。近代になってもそれが変わらないどころか、私的領域と公的領域が分離され性別分業が確立されることでそれが続いたのです。そうした構造を国家の法が裏書きしてきたのだといえましょう。このように社会の基本構造に女性差別が組み込まれてきためにに最後のところで女性が限界を突破できないことを、アメリカなどでは「ガラスの天井」という言葉で表現するのです。

それに対し日本では、明治以降も江戸時代以来の「家」における夫婦間の協同的な関係が続く一方で、西洋的な近代化をめざす中、男性だけが社会に進出して〈大きな「家」〉ともいうべき構造が作られ、性別分業が社会的に拡大しました。その体制がうまく機能した結果、社会的な決定権を男性が握る「家父長制」が作られてきたのです。それゆえ日本に存在するのは「ガラスの天井」ではなく、家族と社会を隔てる〈土の壁〉とでもいえましょう。これをいかに壊すかが、男女の性別分業を変え、家父長制構造を打ち破る鍵となるでしょう。

このように、西洋と日本ではそれぞれ異なる経緯によって「家父長制」が成立したことがおわかりいただけたでしょう。こうした経緯をふまえた上で、女性も男性も「自分」として生きられる社会とはどのような社会なのか、そしてそのためには何が必要なのかを考え、行動することが、これからの課題だと思うのです。

1878	Matrimonial Causes Act ▶妻が夫の暴力から逃れ、別居することが可能に
1882	Married Women's Property Act ▶妻が完全な財産所有権を持つ=coverture からの解放→投票権の議論に影響
1887	独身女性が Town Council（町議会）への選挙権を認められる
1894	Local Government Act ▶地方自治体選挙における結婚要件を除去、被選挙権もあり
1907	Qualification of Women Act ▶結婚に関係なく地方のさまざまな組織の役職につける
1912	未婚の英国女性の外国生まれの子は、母の国籍を引き継げない
1918	Representation of the People Act ▶30歳以上の女性に選挙権
1922	Law of Property Act ▶夫婦が互いの財産を相続できる
1923	Matrimonial Causes Act ▶妻も夫と同じく姦通のみを離婚原因として離婚が可能
1928	Representation of the People Act ▶21歳以上の女性に選挙権
1934	外国人と結婚した妻が国籍を持ち続けられる
1935	Law Reform Act ▶妻に独身女性や男性と同様の契約締結能力を認める ▶夫と同じ条件で財産権を持つ
1937	Matrimonial Causes Act ▶夫妻ともに姦通・遺棄・虐待・精神異常を理由とした離婚を認める
1949	Married Women (Restraint upon Anticipation) Act ▶妻と独身女性の財産区分の廃止 ▶妻が夫と同じ財産を所有できる
1969	Divorce Reform Act ▶破綻を理由とした離婚が夫婦ともに可能 2年の別居後回復不能なら協議上の離婚の可能性 一方のみが離婚を望む場合は5年の別居後

イギリス女性史年表

1792	Mary Wollstonecraft, *A Vindication of the Rights of Women*
1825	William Thompson, *Appeal of One Half the Human Race, Women, against the Pretensions of the Other Half, Men*
1832	Petition of Mary Smith for extending the elective Franchise to unmarried Women ▶Reform Bill の要件が ‘person’ から ‘male’に変更される
1835	Municipal Corporations Act ▶ ‘person’の前に ‘male’がつく=選挙権は ‘all male taxpayer’ に認められる
1839	Infant Custody Act ▶7歳までの子に対する母親の親権の申請が認められる
1848	Queen’s College, London が女子に門戸を開く
1857	Matrimonial Causes Act ▶離婚・婚姻訴訟裁判所の設立=教会裁判所の離婚裁判管轄権の廃止 男性は妻の姦通を理由に離婚請求できる。妻は夫の姦通に加え暴力など他の理由があることが要件 ▶妻の財産所有、収入の所有、相続財産の所有を認める ▶妻の財産に関して妻自身の名で訴訟ができる
1866	J.S.Mill による国会への請願
1867	The National Society for Women’s Suffrage 結成
1868	Chorlton v. Lings case（女性の選挙権を求める訴訟） ▶判決「‘man’ は法律・税務・義務に関しては女性も含むが、選挙権に関しては男性のみをさす」
1869	Municipal Corporations Act ▶自治都市の選挙権が地方税納入者の独身女性に認められる J.S.Mill, *The Subjection of Women*
1870	Naturalisation Act ▶妻の国家への忠誠の誓いは完全に夫の国籍に従う→20世紀まで父系 Married Women’s Property Act ▶結婚している女性の財産管理権が認められる

参考文献

本書の記述にそって並べてあります。興味のある部分について深く知るために参考にしてください。

西洋関係

G・デュビィ、M・ペロー監修『女の歴史』全五巻、藤原書店、一九九四年〜二〇〇一年

キャロル・ペイトマン『社会契約と性契約─近代国家はいかに成立したのか』岩波書店、二〇一七年（*The Sexual Contract*, Stanford University Press, 1988）

キャロル・ペイトマン『秩序を乱す女たち？─政治理論とフェミニズム』サピエンティア37、法政大学出版局、二〇一四年（*The Disorder of Women*, Stanford University Press, 1989）

中村敏子『トマス・ホッブズの母権論─国家の権力 家族の権力』法政大学出版局、二〇一七年

Patricia Crawford, *Women and Religion in England 1500-1720* (Routledge, 1996)

Tim Stretton and K. J. Kesselring (eds.), *Married Women and the Law* (McGill-Queen's University Press, 2013)

中村敏子「淑女から人間へ─イギリスにおける女性の権利拡大運動の思想的前提」『北大法学論集』第三八巻二号、第四号、一九八七年〜一九八八年

シュラミス・ファイアストーン『性の弁証法─女性解放革命の場合』評論社、一九七二年

日本関係

佐々木潤之介ほか編『日本家族史論集』全一三巻、吉川弘文館、二〇〇二年～二〇〇三年
渡辺浩『近世日本社会と宋学』東京大学出版会、一九八五年
渡辺浩『東アジアの王権と思想』東京大学出版会、一九九七年
渡辺浩「「夫婦有別」と「夫婦相和シ」」『中国―社会と文化』第一五号、二〇〇〇年
高木侃『[増補]三くだり半―江戸の離婚と女性たち』平凡社、一九九九年
中村敏子「家」『「天皇」から「民主主義」まで』米原謙編著、晃洋書房、二〇一六年
川合小梅『小梅日記―幕末・明治を紀州に生きる』全三巻、平凡社東洋文庫、一九七四年～一九七六年
大岡敏昭『新訂　幕末下級武士の絵日記―その暮らしの風景を読む』水曜社、二〇一九年
中村敏子「家父長制からみた明治民法体制―近代化過程における婚姻関係」『北海学園大学法学研究』第四五巻第一号、二〇〇九年
中村敏子『福沢諭吉　文明と社会構想』創文社現代自由学芸叢書、二〇〇〇年
中村敏子「解説」『福沢諭吉家族論集』岩波文庫、一九九九年
中村敏子「歴史的文脈における福沢諭吉の家族論の意味」『北海学園大学法学研究』第四三巻第二号、二〇〇七年
柳田国男「先祖の話」『柳田國男全集 13』ちくま文庫、一九九〇年
鹿野政直、香内信子編『与謝野晶子評論集』岩波文庫、一九八五年
小林登美枝、米田佐代子編『平塚らいてう評論集』岩波文庫、一九八七年

堀場清子編『『青鞜』女性解放論集』岩波文庫、一九九一年
鈴木裕子編『山川菊栄評論集』岩波文庫、一九九〇年
田中寿美子、山川振作編『山川菊栄集』全一〇巻+別巻一、岩波書店、一九八一年〜一九八二年
ベティ・フリーダン『新しい女性の創造』大和書房、一九六五年
内閣府男女共同参画局『男女共同参画白書』
筒井淳也『仕事と家族—日本はなぜ働きづらく、産みにくいのか』中公新書、二〇一五年
柴田悠『子育て支援と経済成長』朝日新書、二〇一七年
小室淑恵・天野妙『男性の育休—家族・企業・経済はこう変わる』PHP新書、二〇二〇年
前田健太郎『女性のいない民主主義』岩波新書、二〇一九年

あとがき

数年前、卒業以来初めて高校のクラス会に出席し、女性の問題を研究しているというと、級友から「そういえば、高校の時からフェミニズムっていってたよね」という反応がありました。そうすると私は、半世紀以上女性の問題を考えてきたことになります。今回これまでの研究をすべてまとめた本書を出版できたことで、私の仕事も一区切りついたことになります。

本書で私がめざしたのは、これまでの通説を女性の目から見直すことでした。これはペイトマンに学んだことで、彼女が「社会契約」に対する「陰の物語」として「性契約」を見出(みいだ)したように、通常男性が注目しない部分を検討し、女性の問題をあぶりだすことで、女性を含んだ全体の物語を語ることをめざしたのです。

もうひとつ心がけたのは、日本を西洋と同様に扱わないということです。これは、三度にわたるイギリスでの長期滞在の経験から学んだことです。初めの滞在では長女を出産し、妊娠や出産に対する考え方の違いを学びましたし、二回めは三人の子ども連れでしたので、家族関係の違いを学びました。私は、夫婦や親子という関係は、人類に普遍的であるがゆえに文化的違いは少ないだろうと考えていましたが、それとは逆に、親密な関係であればこそ、文化による違いが大きいことがわかったのです。

当時私は福沢諭吉の家族論に関する博士論文を書いており、西洋近代を学んだ福沢が、家族についても西洋的近代化を徹底しようとしたのだろうという仮説を持っていました。ところがイギリスでの経験によって、彼の議論がイギリスの家族関係とはまったく異なることがわかったのです。そして私は、日本の家族関係に目を向けることになりました。

三回めの滞在は、ホッブズの母権論について執筆中のことでした。その時イギリスやアメリカでは、世界は神の意図したように動くという神の「知的計画（Intelligent Design）」という話が盛んでした。しかしイギリスへ行って驚いたのは、その話が一流新聞の科学欄で扱われ、宇宙物理学者ホーキングへのインタビューの質問の中に出てくることでした。日本で習った「近代は神との決別によって成立した」という話は何だったんだろう!?というのが正直な気持ちでした。そこからキリスト教との対比でホッブズを考えるようになりました。これらを敷衍したのが本書ということになります。

こうした経験を学問的構想にまで昇華することができたのは、ケンブリッジ大学教授のアラン・マクファーレン夫妻と三〇年以上にわたって続けてきた日英比較に関する議論のおかげだと思います。家族を大きな社会的文脈で理解するという歴史人類学の大家であるマクファーレン教授とサラ夫人は、文化人類学者らしい率直さでイギリスについて解説し、日本について質問しました。この議論の交換が、イギリスについても、また日本についても、私の理解を深めることになりました。こうした交流の上に本書は成り立っています。それゆえマクファーレン教授夫妻には、敬意とともに特別の感謝を捧げたいと思います。

本書をまとめることになったのは、中央大学の鳴子博子教授が研究会で報告する機会を与えてくださったことがきっかけです。それがなければ、退職後には仕事をしないと決めていた私が本を書くこともなかったでしょう。鳴子さんには、このように研究をまとめるきっかけをくださったことに対し、お礼申し上げます。

その研究会に、ほかの仕事でご縁のあった集英社新書編集長の落合勝人さんが来てくださり、新書にする話が進みました。実際の編集は若い吉田隆之介さんが担ってくださいました。おふたりのご苦労に感謝しつつ、若い方が本書の問題意識を引き継いでくださることを期待しながら筆をおくことにします。

中村敏子

コロナ禍の秋に

中村敏子(なかむら　としこ)

一九五二年生まれ。政治学者、法学博士。北海学園大学名誉教授。七五年、東京大学法学部卒業。東京都職員を経て、八八年北海道大学法学研究科博士後期課程単位取得退学。主な著書に『福沢諭吉　文明と社会構想』『トマス・ホッブズの母権論――国家の権力　家族の権力』。訳書に『社会契約と性契約――近代国家はいかに成立したのか』(キャロル・ペイトマン著)。

女性差別はどう作られてきたか

集英社新書一〇五二B

二〇二一年一月二〇日 第一刷発行
二〇二四年八月 六 日 第四刷発行

著者……中村敏子
発行者……樋口尚也
発行所……株式会社集英社
東京都千代田区一ッ橋二-五-一〇　郵便番号一〇一-八〇五〇
電話　〇三-三二三〇-六三九一(編集部)
〇三-三二三〇-六〇八〇(読者係)
〇三-三二三〇-六三九三(販売部)書店専用

装幀……原　研哉
印刷所……TOPPAN株式会社
製本所……ナショナル製本協同組合

定価はカバーに表示してあります。

ISBN 978-4-08-721152-8 C0236
Printed in Japan

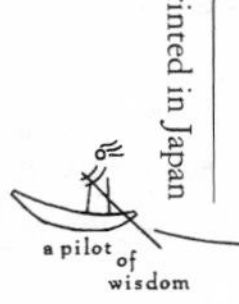

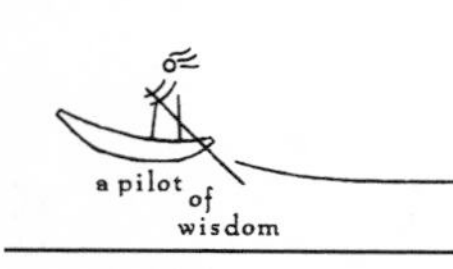

集英社新書　好評既刊

苦海・浄土・日本　石牟礼道子　もだえ神の精神
田中優子　1040-F

水俣病犠牲者の苦悶と記録を織りなして描いた石牟礼道子。世界的文学者の思想に迫った評伝的文明批評。

毒親と絶縁する
古谷経衡　1041-E

現在まで「パニック障害」の恐怖に悩まされている著者。その原因は両親による「教育虐待」にあった。

イミダス　現代の視点2021
イミダス編集部　編　1042-B

ウェブサイト「情報・知識imidas」の掲載記事から日本の現在地を俯瞰し、一歩先の未来を読み解いていく。

中国法「依法治国」の公法と私法
小口彦太　1043-B

先進的な民法と人権無視の憲法。中国法は、なぜ複雑な相貌を有するのか。具体的な裁判例に即して解説。

忘れじの外国人レスラー伝
斎藤文彦　1044-H

昭和から平成の前半にかけて活躍した伝説の外国人レスラー一〇人。彼らの黄金期から晩年を綴る。

悲しみとともにどう生きるか
柳田邦男／若松英輔／星野智幸／東畑開人／平野啓一郎／島薗 進／入江 杏　1045-C

「グリーフケア」に希望を見出した入江杏の呼びかけに応えた六人が、悲しみの向き合い方について語る。

ニッポン巡礼〈ヴィジュアル版〉
アレックス・カー　045-V

滞日五〇年を超える著者が、知る人ぞ知る「かくれ里」を厳選。日本の魅力が隠された場所を紹介する。

原子力の哲学
戸谷洋志　1047-C

七人の哲学者の思想から原子力の脅威にさらされた世界と、人間の存在の根源について問うていく。

花ちゃんのサラダ　昭和の思い出日記〈ノンフィクション〉
南條竹則　1048-N

懐かしいメニューの数々をきっかけに、在りし日の風景をノスタルジー豊かに描き出す南條商店版『銀の匙』。

万葉百歌　こころの旅
松本章男　1049-F

随筆の名手が万葉集より百歌を厳選。瑞々しい解釈と美しいエッセイを添え、読者の魂を解き放つ旅へ誘う。